都市社会学
を学ぶ人のために

玉野和志［編］

世界思想社

はじめに──本テキストの意図と構成

　本書は，都市社会学の入門的テキストである．したがって，今ここでこの本を手にとっているあなたは，都市に興味があったり，社会学に興味があったりするだろう．まず最初に本書がそのような人にとって，どのような導きの糸になるかについて述べておこう．本書は都市社会学という，ある程度限定された専門領域に関するテキストではあるが，都市という対象の広がりと都市社会学の成り立ちの事情ゆえに，都市に関連する諸科学──建築学，地理学，都市工学，都市政策学など──や，社会学全般に興味のある読者にも，有意義なものである．なぜなら社会学はもともと近代の都市を舞台として成立したものであり，いわば社会学は当初すべて都市の社会学であったからである．事実，本書で詳しく扱う都市社会学の源流としてのロンドンの労働者生活研究もシカゴ学派の都市社会学も，いずれも社会学研究の嚆矢として知られている．シカゴ学派は今でこそ都市社会学の源流とされるが，当時はアメリカ社会学を代表するものであった．したがって，都市社会学を学ぶことは社会学の始まりを学ぶことにもなる．また，いうまでもなく都市はさまざまな学問領域の対象となってきた．そのような諸科学が都市を扱う際に忘れてはならない，都市の人間的・社会的側面に関する基礎的な理解を，都市社会学は与えてくれるのである．

　さて，都市社会学に関するテキストは比較的多く出版されている．その内容や構成についても，ある程度，定番になっている部分がある．したがって，どのテキストで学んでも，ある程度統一した都市社会学に関する知識を得ることはできるだろう．しかし，個々の議

論については同じように理解できたとしても，全体としての位置づけや大きな流れについては，テキストによって論じ方が異なっていたり，あまり明快な説明のないものが多い．それは必ずしも理由のないことではなくて，実はここ30年ぐらいの時期は，都市や都市社会学が大きく転換していく時期に当たっていて，全体としての歴史的な見通しが立てにくいところがあったのである．ちょうどその時期に都市社会学を学び，やがてそれを大学で講じるようになった編者にとって，自分が学生時代に受けた都市社会学の授業と同じことをやっていたのでは，学生がついてきてくれないことを，いつしか感じるようになった．たとえば，ルイス・ワースのアーバニズム論などはかつては定番中の定番であったが，田舎から都会に出てきた学生よりも，都会生まれで都会育ちの学生が多数派になってくると，都市的生活様式への変化などはもはや問題ではなくなってしまう．アーバニズムとは改めて成立するものではなく，今や当たり前の前提なのである．まさに都市化社会（Urbanizing Society：都市化しつつある社会）から都市型社会（Urbanized Society：都市化してしまった社会）への転換である．

　さらに，新都市社会学などが台頭するのもここ30年ぐらいのことである．もはや都市社会学はシカゴ学派だけ，などとはいっていられないし，都市社会学と地域社会学は違う，などともいっていられなくなった．しかし現実には長い間，マルクス主義の影響を受けた都市社会学とそうでない都市社会学の教科書が並存することになった．また，台頭した新都市社会学においても，当初はマニュエル・カステルらの集合的消費のように，生産面ではなく消費面に注目した議論が優勢であったのに，いつの間にかアンリ・ルフェーブルやデイヴィッド・ハーヴェイのように，空間の生産が問題とされるようになっていく．このあたりのつながりもあまり明確にはされていない．

　日本の都市社会学研究の現場においても，80年代まで優勢であ

体制	帝国主義	フォーディズム	ポスト・フォーディズム
基調	古典的自由主義	ケインズ主義と福祉国家	新自由主義
都市	都市化の時代	郊外化の時代	世界都市の時代

1929年　　　　　　　1973年
世界恐慌　　　　　　石油ショック

った郊外住宅地を舞台とした市民活動や市民意識に関するコミュニティ研究が，90年代以降になると都心部やインナーエリアにおける野宿者や外国人労働者を対象としたコミュニティ研究へと転換していった．このあたりの背景についても，現実の変化以上の説明は与えられていない．同時期に注目を集めていく世界都市論も，その後の東京の世界都市としての位置づけの変化を含めて，十分な見通しが語られているとはいえない．

　そこで，本書ではこのような都市をめぐる問題状況の大きな変化を説明する枠組みとして，グローバルに広がる世界資本主義の蓄積体制の時期区分に関する，いわゆるレギュラシオン学派の議論に依拠することにしたい．レギュラシオン理論とは，フランスの経済学者たちが提唱し，徐々に英語圏にも広まっていったマルクス主義理論のひとつである．1929年の世界恐慌から1973年のオイルショックまでの間に，アメリカを中心に「フォーディズム」とよぶべき蓄積体制にもとづく「資本主義の黄金時代」が成立したという議論である．それ以前が帝国主義にもとづく古典的な自由主義の時代であり，それ以後が「ポスト・フォーディズム」というかたちで新しい蓄積体制が模索される新自由主義の時代とされる．このような世界資本主義のレベルでのマルクス主義的な時期区分にもとづいて，これまでの都市社会学の蓄積を整理してみようというわけである．いわば新都市社会学が依拠してきたマルクス主義の資本主義論にもとづく歴史観の下に，シカゴ学派の伝統的な都市社会学の研究を位置

づけ，統一的に理解してみようというわけである．

　ここで社会科学におけるマルクス主義と非マルクス主義の立場の違いについて言及しておきたい．経済学に「マル経（マルクス主義経済学）」と「近経（近代経済学）」があるように，社会科学にはカール・マルクスの歴史理論（史的唯物論）に則るか否かで，意見が分かれるところがある．一方は近代を資本主義の時代ととらえ，近代以降の時代——それがかつては社会主義社会であった——を展望するのにたいして，他方は近代という時代を自明なものとしてその一般的法則性を明らかにしようとする．前者が歴史的な変革の理論たらんとするのにたいして，後者は世界はそのまま続くと考えて趨勢命題のみを問題にする．それゆえ一方は革新的であり，他方は保守的とされたわけである．都市研究においては，社会ダーウィニズムにもとづく人間生態学に依拠したシカゴ学派の伝統的な都市社会学は，非マルクス主義の立場にあり，地域社会学はマルクス主義の立場とされてきた．

　ところが，いったん革命をへた新しい段階と信じられた社会主義国が崩壊し，改めて資本主義の世界市場に再参入するにいたって，資本主義はマルクスが考えたほど短命ではなく，いくつかの危機を乗り越えて異なる段階に進んできたと考えられるようになった．そのひとつの成果がレギュラシオン理論なのである．したがって，このようなマルクス主義の立場にもとづく歴史的な時期区分に，都市社会学におけるこれまでの議論を重ね合わせることが有効となる．それは同時に，マルクス主義の立場をとるにせよとらないにせよ，これまで単純に想定されてきた近代化，民主化，都市化という一元的な図式に，フォーディズムからポスト・フォーディズムへという質的な転換を組み込むことで，歴史的な変化をより具体的で多様な形態のままに理解する道を拓こうとするものである．

　したがって，このテキストではグローバルなレベルでの世界資本主義の変遷をふまえたうえで，その時々にさまざまな国や地域の都

市がその中でどのように位置づけられ，どのような課題を抱えていたかを，それぞれの具体的な歴史の経路にもとづいて（path-dependent：経路依存的に）理解できるようになることを目指したい．かといって世界中のすべての国と地域を取りあげることはできないので，まずは欧米と日本の都市がその時々に置かれていた位置と経路をふまえて，それぞれの時期になされた都市社会学的な研究の蓄積を位置づけることに努めたい．そのうえで，アジア，アフリカ，ラテンアメリカなどの国々の最近の発展についても，可能な限り言及したいと考えている．

　このような意図にもとづいて，本テキストはそれぞれ2つの章からなる7つの部分から構成されている．全体は大きく，ⅠとⅡ，ⅢからⅤ，ⅥとⅦの3つに分けることができる．

　Ⅰではまず都市と都市社会学の歴史が紹介される．第1章では近代以降を帝国主義と都市化の時代，フォーディズムと郊外化の時代，ポスト・フォーディズムと世界都市の時代に分ける考え方が示され，第2章ではそれぞれに対応する都市社会学研究の系譜が紹介される．Ⅱでは都市社会学の基本的な概念が示される．第3章では都市の定義と全体的な枠組みが，第4章では都市の構成要素と課題領域が示される．以上が都市社会学の歴史と基礎的な概念を明らかにした部分である．

　続く3つの部分は都市社会学の主要な課題領域を扱っている．Ⅲは都市空間，Ⅳは都市コミュニティ，Ⅴは都市政治である．それらはいずれも都市社会学の骨格をなす研究領域であり，これまでの研究の蓄積と展開が，資本主義の蓄積体制の変遷や都市化の段階を意識しながら，詳しく紹介されている．

　最後の2つの部分は，比較的最近の課題を扱っている．Ⅵはグローバリゼーションについて，Ⅶは格差や不平等についてである．第11章ではグローバリゼーションの下での途上国の状況が，第12章では先進国の状況が，第13章では都市下層の問題が，第14章では

移民の問題がそれぞれ扱われている.

　どこからでも読むことはできるが，第1章の都市の歴史的展開を
ふまえて，すべての章が書かれていることが，本書の特長であるこ
とを理解していただければ幸いである.

編　　　者

都市社会学を学ぶ人のために●目次

著者紹介

所属　専門　（執筆担当章）

玉野和志（たまの　かずし）
後掲（奥付）の編者紹介参照　　　　　　　　　（第 1, 2, 3, 4, 8, 9 章）

浅川達人（あさかわ　たつと）
明治学院大学社会学部教授　都市社会学, 社会調査　　　　　（第 5 章）

丸山真央（まるやま　まさお）
滋賀県立大学人間文化学部教授　政治社会学, 都市研究　　　（第 6 章）

林浩一郎（はやし　こういちろう）
名古屋市立大学人文社会学部准教授　都市社会学, 地域社会学　（第 7 章）

齊藤麻人（さいとう　あさと）
横浜国立大学都市イノベーション研究院教授　都市社会学, 都市政策学　（第 10 章）

佐藤　裕（さとう　ゆたか）
都留文科大学比較文化学科准教授　開発社会学, インド地域研究　（第 11 章）

上野淳子（うえの　じゅんこ）
関東学院大学社会学部准教授　都市社会学, 地域社会学　　　（第 12 章）

山口恵子（やまぐち　けいこ）
東京学芸大学教育学部教授　都市社会学　　　　　　　　　　（第 13 章）

福田友子（ふくだ　ともこ）
千葉大学国際教養学部准教授　国際社会学, 移民研究　　　　（第 14 章）

I

都市の歴史をふりかえる

　イギリスのケント州で見かけたかつての都市の城壁の跡．ヨーロッパの都市にはところどころこのような光景が残っている．このような城壁を越えて都市が拡大するのが，近代の都市化である．（撮影：玉野和志）

第1章　都市の歴史的展開

　本章では，まず都市の歴史的展開について概説する．とりわけ近代以降の展開を3つの時期に分けてとらえるところに本書の特長がある．ここでの区分が本書全般にわたって共通の枠組みになる．

1.1　前近代の都市

アメリカの都市の特殊性　　通常，都市社会学の対象は主に近代以降の都市である．しかし，近代以前の都市がまったく無関係というわけでもない．そこで，ここでは必要最低限の紹介をごく簡単にしておきたい．

　新大陸の都市シカゴで生まれたシカゴ学派の都市社会学は，前身となる前近代の社会をもたなかったために，植物生態学のアナロジーで各民族コロニーの成立と競争，闘争，応化，同化の過程をとらえる人間生態学という独特の社会理論を生みだした (Park and Burgess 1924)．これにたいして中世以来の伝統をもつヨーロッパや日本では，いささか事情が異なっていた．たとえば，ギデオン・ショーバーグという研究者は，シカゴ学派のアーバニズム論はあくまで近代以降の都市にのみ当てはまる議論であるとして，前産業型都市と産業型都市を区別し，ヨーロッパの都市を例に前産業型都市に関する議論を提示している．この議論に接したとき，日本の都市社会学者である倉沢進は目からうろこが落ちたように感じたという

（Sjoberg 1960 訳書）．また，シカゴでルイス・ワースの指導を受けて帰国した矢崎武夫が日本の都市をとらえるために，改めて平安京，平城京まで歴史を遡らなければならなかったことなどに（矢崎 1962），それはよく表れている．彼らがどのような議論を展開したかも興味深いところではあるが，ここでは主にヨーロッパの歴史を念頭において論ずることにしたい．

都市と先進性　都市の歴史は人類の歴史と同じくらい古いという．事実，歴史の教科書の最初に出てくる四大河文明は，なぜか都市文明とよばれる．今から考えると，とても都市とはいえないようなものであったと思われるが，都市とよばれるのである．このように都市には常に文明や文化の生じるところというイメージがともなう．ヨーロッパの歴史においても事情は同じで，古典古代の都市国家，中世の自治都市など，いずれも近代以降に西欧文明の基本的な理念として称揚されるデモクラシーの伝統とともに語られることが多い．日本でもこの点で戦後の民主化を課題とした時期に，よくヨーロッパの都市に学べといわれたものである（増田 1978）．都市のもつこのような先進性や中心性，創造性については，また後で論じてみたいが，ここでは近代都市とそれ以前の都市の基本的な違いについて，確認しておきたい．

ヨーロッパ前近代の都市　近代をどう特徴づけるかは，それ自体大問題であるが，ここでは市場経済が支配的になると同時に，それらが資本主義的な性格をもつ時代と考えておこう．そうすると，近代以前は市場交換ではなく共同体による生産と配分が支配的な時代であったと考えることができる（大塚 1955）．古典古代のギリシャやローマの都市では，生産労働は通常奴隷が行い，奴隷主である貴族はその統制と配分を担当する．貴族は定期的に戦争に従事し，そのつど被征服民を新たな奴隷として補充する．戦争によって獲得

した奴隷の生産労働にもとづくのが古典古代の奴隷制という共同体的な経済のあり方であった。だから奴隷主であるアテネの市民は戦争という自らの命を落としかねない重大な決定をアゴラで民主的に行ったのであって、都市がそのまま戦争をする単位でもあったという意味で、それは都市国家とよばれたのである。あまりにも広大になりすぎて、もはや奴隷を調達する戦争ができなくなったローマ帝国が、やむなく奴隷が家族をもつことを認め、そこから解放奴隷の闘争が始まり、やがて滅亡していったのも、そのような共同体的な経済構造が転換を余儀なくされたせいである (Weber 1896)。

　それゆえ、三圃式農法などで村落の生産力が向上することによって生まれた剰余生産物を遠隔地商人が市場で交換するようになると、村落共同体の狭間に徐々に市場経済が広がっていくことになる。市場交換を主とする商人たちが、やがてコミューン闘争をへて自らの居住地を確保するようになると、そこには村落共同体における封建的な主従関係とは異なる、対等な市民による市場関係が支配する独自の共同体としての自治都市が成立することになる (増田 1985)。しかしながらこの時点での中世の都市は、村落の生産力の発展に依存していたので、発展の速度はまだ緩慢で、養える人口規模にも限りがあった。そのためショーバーグが明らかにしたように、産業型都市とは異なり、市民たちは互いによく知り合い、パーソナルで長期的な関係を維持していたのである。また、周囲を取り巻く封建的な領主の支配を免れるために、城壁を築いてそれとは隔絶し、自分たちの領域を守っていた。この時点では都市の範域がこの城壁を越えて広がっていくような、都市化とよばれる現象も存在しなかった。

　近代の理念と都市　　古典古代の都市国家にその原型をもつ民主制が、中世の自治都市に引き継がれ、さらなる市場経済の発展と産業資本の成立による市民革命・産業革命をへて、やがて近代社会の基軸原理へと発展していったわけである (Parsons 1971)。ここでも

都市は次の時代の新しい理念を生みだす先進的で創造的な場としての役割を果たすことになる．しかしながら注意すべきは，アテネの場合も自治都市の場合も，民主制は当初，奴隷を所有する武装した貴族や財産をもつ商人資本という，互いに対等といえる限られた市民の間に成立した制度にすぎなかったことである．近代以降はその理念が労働者や女性，マイノリティへと押し広げられていくことになる．

　ただし，これはあくまで近代以降の支配的価値を生みだしたヨーロッパの都市がもっているごく一般的な特質である．実際にはヨーロッパにおいても有力な一族が寡頭制的に支配した都市もある．常に先進的で創造的な文化を生みだすという特質は共通していたとしても，個々の都市はそれぞれに独自の歴史を蓄積しているのである．近代都市もその前身たる近代以前の都市に堆積した歴史的事情をふまえて，経路依存的に形成されていくことを，ここでは確認しておきたい．

1.2　資本主義と近代都市

資本主義世界経済の３つの段階　　さて，前近代の都市について論じてみたいことはまだまだあるが，ここではひとまず近代以降の都市の歴史的展開についてみていくことにする．本書では近代以降の都市を資本主義世界経済の３つの段階に応じて考えていくことにしたい．このような見方には細かな点では異論があるかもしれないが，全体を見通すための大まかな枠組みとしては，広く受け入れられているものである．それはフランスのレギュラシオン学派の理論にもとづくもので，「はじめに」でも述べたように，ここでは本書全般にわたって，この枠組みを採用したい．近代に成立した資本主義は，その当初からグローバルに広がった世界経済として展開し，これまで二度にわたる大きな危機を経験してきた．一度目は 1929

年の世界恐慌であり，二度目は1973年の石油ショックである．この二回の危機によって区分される3つの時期を，ここでは①帝国主義，②フォーディズム，③ポスト・フォーディズムと区分しておく．それぞれの時期が都市社会学の議論としては，①都市化の時代，②郊外化の時代，③世界都市の時代に対応している．

都市化，郊外化，グローバル化　　①帝国主義と都市化の時代とは，初期資本主義において自由主義の市場原理が貫徹し，定期的に恐慌が繰り返されるとともに，欧米列強を中心とした植民地競争が資本蓄積にとって決定的な影響力をもった時代である．産業革命期のロンドンや第一次世界大戦前後のシカゴに代表される都市化の時代がこれに対応している．

　②フォーディズムと郊外化の時代とは，ケインズ政策にもとづく公共投資による完全雇用政策によって景気の循環がある程度コントロールされるとともに，福祉国家による保障や生産性の向上に見合った賃金の上昇によって，植民地市場ではなく内需の拡大にもとづく経済成長が図られた，大量生産・大量消費の時代を意味する．この時代には比較的厚みをもって成立した中間層の居住地としての安定的な郊外が，社会解体的な様相を呈した都心部に代わって注目を集めるようになる．

　フォーディズムの時代は，いわば「資本主義の黄金時代」として労働運動の高揚と福祉国家の確立をもたらした．これにたいして，③ポスト・フォーディズムの時代は，グローバル化の進展によって一国単位の経済政策の有効性が失われる．一方では，世界的な規模での競争の激化による労働条件と賃金の切り詰め，移民の活用や雇用の不安定化が進んでいく．他方では，多国籍企業が必要とする法務・会計・金融・経営・広告などの専門知識やハイテク・研究開発などの知識基盤型産業の集積にもとづいて世界経済を牽引する成長地域や世界都市の存在が注目されるようになる．それにともなって

拡大した格差や不平等による貧困や社会的排除，移民やエスニシティなどの課題が改めて都市研究として関心を集めるようになる．

　本書では，以上のような資本主義世界経済の蓄積様式の転換にもとづく時期区分に応じて，都市研究の変遷を明らかにしていく．まずはそれぞれの時期の都市をめぐる問題状況と代表的な研究成果を概観することにしよう．

1.3　帝国主義と都市化の時代

産業革命とロンドンの都市化　　近代都市の最初の時期は，アダム・スミスやカール・マルクスが描いた古典的な資本主義の時代に対応している．自由主義の市場経済が広範に成立し，資本家は大工場に労働者を集め，分業によって向上した生産力で市場向けの商品生産を行う．市場で売れる商品に生産が集中するために，やがて供給過剰となり，生産した商品が売れない不況となる．初期資本主義はこのような市場の無政府性による好不況の波を繰り返し，資本の集中と二大階級への分裂を招く，というのがマルクスの窮乏化論であった（Marx und Engels 1848）．それでも自由競争にもとづく市場経済が「神の見えざる手」によって国富をもたらすというのがアダム・スミスの考えであり，自由放任主義（レッセフェール）による自由競争が適者生存につながるというのが社会ダーウィニズムの考えであった．

　やがて石炭と蒸気機関という動力源を得た大工場での機械生産は飛躍的な生産力の拡大を実現したが，こうして生みだされた商品を消費するだけの国内市場はまだ十分に発達していなかった．そのため，この時期の資本主義は販路を海外の植民地に求める必要があった．この時期の蓄積様式の根幹に帝国主義的な植民地支配があり，資本主義がその生誕の瞬間から世界的なシステムとして存在していたとはそういうことなのである．

したがって，この時期の都市は大工場の集積にもとづく労働者の集中にその大きな特徴があった．産業革命期のロンドンがそうであり，少し遅れてシカゴが典型的な産業都市として勃興する．それゆえこの時期の都市研究は，ロンドンとシカゴを中心に展開していくことになる．ロンドンではフリードリヒ・エンゲルスの『イギリスにおける労働者階級の状態』が先駆であり，続いてチャールズ・ブースやシーボーム・ラウントリの貧困研究が展開する（Engels 1845; Booth 1840-1916; Rowntree 1901）．この時期の都市は，大工場に引き寄せられた労働者たちの貧困が主要な課題だったのである．したがって，ロンドンのイーストエンドなどの労働者居住地区が，いわゆる都心近くのインナーエリアとして，都市研究の主たる舞台となったわけである．

　移民の都市シカゴ　　新大陸の都市シカゴにおいても事情は同じである．シカゴの都心部周辺にも大工場が集積し，都市発展の空間構造を明らかにしたアーネスト・W. バージェスの同心円地帯論にも，あまり指摘されることはないが，密かに「Factory Zone（工場地帯）」との表記がみられる（Burgess 1925）．ただしここに引き寄せられた労働者の多くはヨーロッパの村落からの移民であったために，ロンドンのような労働者の貧困というよりも，移民の適応と社会解体の問題が都市の課題としてより強く意識されたのである．そのため都心近くのインナーエリアも，工業地帯というよりも，移民がまずそこに流入し，常に移り変わっていく地域＝推移地帯（Zone of Transition）として概念化されることになる．

　この推移地帯として特徴づけられたインナーエリアは，シカゴ学派の伝統的な都市社会学の主たる舞台となった．それはロンドンの労働者生活研究の主たる舞台がイーストエンドであったことと対応している．こうして同じく帝国主義の時代の資本主義の下での都市であったロンドンとシカゴは，それぞれ労働研究と都市研究の端緒

を開くことになった．そのためシカゴが最初の都市研究の拠点とみなされることになる．

1.4　フォーディズムと郊外化の時代

ケインズ主義の時代　　1929 年の世界恐慌とそれに続く第二次世界大戦によって，植民地競争にもとづく帝国主義的な蓄積様式は，もはや持続可能なものではなくなってしまう．資本主義がほぼ世界中を埋め尽くしたために，新たな植民地を開拓して蓄積を続けることができなくなったのである．市場の無政府性により定期的に繰り返される好不況の波は，労働運動の台頭もあって政府の介入を不可避なものにする．こうして，不況期に政府が公共事業によって有効需要を創出するケインズ政策が定着していく．

　他方，台頭した労働組合は経営側からの要請をある程度受け入れることと引き換えに，生産性の向上に見合った賃金の上昇を獲得するようになる．比較的高い賃金を得た中間階級と一部の労働者層は，大量生産によって安くなった商品を大量に消費するようになり，ここに大量生産・大量消費の蓄積様式が成立する．他方で，同じく労働運動の成果としての福祉国家による生活保障が人々の消費性向を支えることになる．比較的安定的な基盤をもつにいたった中間層の大量消費と，公共事業による高速道路や住宅地などの整備が内需を拡大し，この時期先進国の資本主義は海外の植民地市場に依存しない蓄積体制を実現する．まさに「資本主義の黄金時代」である（Aglietta 1976）．この時代が，オートメーション・システムという大量生産方式を開発すると同時に，従業員に高めの給料を払って自社製の車を買わせようとしたヘンリー・フォードにちなんで，フォーディズムとよばれるわけである．

　アメリカにおける郊外化　　都市研究という側面では，急激な人

口流入によって社会解体にみまわれた都心のインナーエリアを中心とした時代から，比較的安定的な市民的秩序を保った郊外の生活様式へと関心が移行していく．いわゆる郊外化の時代である．この時期の郊外は道路建設と宅地開発にともなう公共投資の対象であると同時に，大量消費の受け皿としての家庭生活の場として，資本の蓄積様式の要の位置を占めることになる（Harvey 1985）．このような位置づけゆえに，この時期の都市研究はウィリアム・ウォーナーのヤンキーシティ研究やモリス・アクセルロッドらの集団参加研究のように，比較的安定的な都市の社会構造を描いたり，そこでの階層ごとに分化した人々の集団参加の様態を明らかにするものが多かった（Warner et al. 1941-59; Axelrod 1956; Greer 1956）．

　同時に，郊外生活の中に現れた同調主義的な傾向が一揃いの耐久消費財をスタンダード・パッケージとして買い揃える他人指向型の社会的性格を生むというデイヴィッド・リースマンの議論や（Riesman 1961），それはアメリカの伝統とは異なる「オーガニゼーション・マン（組織人）」を生みだしているというウィリアム・H. ホワイトの議論をもたらすことになる（Whyte 1956）．

　日本における郊外化　　ここまでは夢の郊外生活を喧伝した1950年代までの最盛期のアメリカにおける研究動向であるが，ヨーロッパや日本においてはまた少し事情が違ってくる．日本での郊外住宅地の成立は，比較的高学歴のホワイトカラー層の集住をもたらし，それまでの地主や自営業者などの旧中間層を中心とした地域社会とは違った可能性を感じさせるものであった．戦後の民主化という課題もあって，郊外における新しい市民と市民意識の成立がコミュニティ論として論じられることになった（奥田 1983）．

　他方，郊外の新興住宅地はその生活基盤がけっして整ったものではなかったこともあって，折からの公害問題にたいする住民運動の激化とともに，生活基盤整備への要求が高まることになる．1960

年代後半から 70 年代にかけて成立した革新自治体は，そのような人々の要求をとらえ，福祉国家への歩みを加速させることになる．日本の財政学者であった宮本憲一がいち早く公共政策による「社会的共同消費手段」の整備に着目したのは（宮本 1967），そのような背景の下でである．ヨーロッパの諸都市においても，郊外化は都市の景観を一変させ，四角いマッチ箱のような建物の並ぶ，それまでとは異なった無機質な景観を出現させることになる．そのような郊外開発の是非をめぐって，都市政策のあり方が問われていった（Lefebvre 1968）．

　以上のような郊外化の進行を背景として，この時代には労働力の再生産という消費生活の側面に注目したマニュエル・カステルらの新都市社会学が展開し，都市における集合的消費をめぐる都市政策と，それにたいする異議申し立てとしての都市社会運動と都市政治が，都市研究の焦点となったのである（Castells 1977）．

1.5　ポスト・フォーディズムと世界都市の時代

　フォーディズムの終焉　　フォーディズムの時代は 1950 年代の「パックス・アメリカーナ」を最盛期として，ヨーロッパや日本では 60 年代から 70 年代まで続くが，1973 年のオイルショックを境に衰退の道を歩むことになる．それ以降の時代は文字通りポスト・フォーディズムとよばれ，長い間積極的な規定を与えられることがなかった．ただフォーディズムの蓄積様式が通用しなくなり，次のやり方が見つかっていない時代とされてきたのである．現在でもこれが決定版という規定はないが，いくつかよく指摘される議論を紹介しておきたい．

　フォーディズムが崩れていく背景にはいくつかの点が指摘される．大量に生産される標準的な商品への需要が飽和し，多品種少量生産が求められることで，単一の商品を生産する大規模な設備投資がも

はや効率的ではなくなってしまったこと. グローバル化によって一国単位のケインズ政策が十分な効果をもたなくなると同時に, 財政危機によって福祉国家体制を維持していくことが困難になること. そして, 何より新国際分業ともいわれる, 多国籍企業を中心とした生産過程のグローバル化が, 国家を単位とした生産と消費, 雇用と労働の管理を不可能とし, グローバル経済を単位とした地域ごとの激しい競争が再びもたらされること. ケインズ政策と福祉国家に支えられた中間層の堅実な消費はもはや期待できなくなり, 先進国の労働運動が獲得した成果の多くは失われてしまう.

いずれにせよ, 大量生産・大量消費にもとづくフォーディズムは, これまで国家を単位として, 資本主義の無政府性を管理することで創出された中間層の消費力によって支えられていた. ところが, グローバルなレベルでのさらなる競争の激化が, 国家による管理を困難にし, 中間層が分極化することで, このような蓄積体制が維持できなくなってしまう. そのため, ポスト・フォーディズムとしての新しい蓄積様式を模索する時代に移行することになったのである.

ポスト・フォーディズムと都市の変貌　ポスト・フォーディズムの新しい蓄積様式がいかなるものになるかは明らかでないとしても, フォーディズムの崩壊をもたらした資本主義のさらなるグローバルな展開が都市や地域にもたらした影響は明らかであった. まず, それは多国籍企業の生産部門が安価な労働力を求めて進出した途上国に, 都市化すなわち市場経済の浸透をもたらした. 他方, 先進国の主要都市からは製造業の現業部門が姿を消し, これに代わって中枢管理機能に特化した会計, 投資, 金融, 広告, 経営コンサルタントなどの生産者サービス業が集積するようになる. 同時にホテル, 飲食店, 小売業, 警備, ビルメンテナンスなどの単純サービス業も増大し, これらの労働市場には移民が流入することになる. 従来までの製造業部門では既存の大量生産工場は海外へと移転され, 途上

国の都市化をもたらすことになる．他方，先進国の諸都市では新製品開発をめぐる都市間競争が激化し，ハイテク産業を中心とした科学技術とイノベーティブな創造性を有する地域への重点的な投資が図られるようになる．

　以上のように，フォーディズム以後の時代は途上国の都市化と先進国における世界都市の台頭によって特徴づけることができる．いいかえれば，さらなるグローバル化による多国籍企業を中心とした新国際分業によって，世界全体が改めて都市化していく時代といってもよいだろう．そのような中でかつての工業都市は急激な衰退を余儀なくされ，都市再生への取り組みが求められる．同様に，かつての産業地区としての都心のインナーエリアでは，知識基盤型産業の集積を目指した再開発が争点となる．また，かつては大量消費を促すために国土全体の平準的な底上げを課題とした国家も，自らの発展のためにも世界経済の中で競争可能な特定の都市地域だけに重点的な投資を行ったり，場合によっては国境を越えたグローバルな都市地域（グローバル・シティ・リージョンズ）の形成のために分権化を図ったり，逆に国家による統制を強めたりするようになる（Brenner 2004；Scott 1998；Scott ed. 2001；Storper 1997）．

　いずれにせよ，世界規模での競争の激化は，なおいっそうの労働力の融通性（フレキシビリティ）を求めることで，移民労働力や非正規の不安定就労の拡大をもたらす．その結果，移民や都市下層の貧困と格差の問題が大きな課題となるのである（Sassen 2001）．

　現代の都市社会学は，以上きわめて簡単に述べてきた資本主義世界経済の蓄積様式の変遷の下で，そのつど必要とされた課題に対処することで，さまざまな研究を生みだしてきた．これ以降，より詳しく言及される議論を理解するうえで，このような大きな流れを念頭におくことが有益であろう．

参照文献

大塚久雄 1955『共同体の基礎理論』岩波書店.

奥田道大 1983『都市コミュニティの理論』東京大学出版会.

増田四郎 1978『都市』筑摩書房.

増田四郎 1985『ヨーロッパ中世の社会史』岩波書店.

宮本憲一 1967『社会資本論』有斐閣.

矢崎武夫 1962『日本都市の発展過程』弘文堂.

Aglietta, M. 1976 *Régulation et crises du capitalisme : l'expérience des États-Unis*, Calmann-Lévy. 若森章孝他訳『資本主義のレギュラシオン理論——政治経済学の革新 増補新版』大村書店, 2000.

Axelrod, M. 1956 "Urban Structure and Social Participation", *American Sociological Review* 21(1).

Booth, C. 1840–1916 *Life and Labour of the People in London First Series : Poverty East, Central and South London*, AMS Press.

Brenner, N. 2004 *New State Spaces*, Oxford University Press.

Burgess, E. W. 1925 "The Growth of the City : An Introdution to a Research Project", R. E. Park, E. W. Burgess and R. D. McKenzie, *The City*, University of Chicago Press. 大道安次郎・倉田和四生訳『都市——人間生態学とコミュニティ論』鹿島出版会, 1972.

Castells, M. 1977 *La Question Urbaine*, F. Maspero. 山田操訳『都市問題——科学的理論と分析』恒星社厚生閣, 1984.

Engels, F. 1845 *Die Lage der arbeitenden Klasse in England.* マルクス=エンゲルス全集刊行委員会訳『イギリスにおける労働者階級の状態 1, 2』大月書店, 1971.

Greer, S. 1956 "Urbanism Reconsidered : A Comparative Study of Local Areas in a Metropolis", *American Sociological Review* 21(1).

Harvey, D. 1985 *The Urbanization of Capital : Studies in the History and Theory of Capitalist Urbanization*, Basil Blackwell. 水岡不二雄監訳『都市の資本論——都市空間形成の歴史と理論』青木書店, 1991.

Lefebvre, H. 1968 *Le Droit à la ville*, Anthropos. 森本和夫訳『都市への権利』筑摩書房, 2011.

Marx, K. und F. Engels 1848 *Manifest der Kommunistischen Partei.* 村田陽一訳『共産党宣言』大月書店, 2009.

Park, R. E. and E. W. Burgess 1924 *Introduction to the Science of Sociology*, Greenwood Press.

Parsons, T. 1971 *The System of Modern Societies*, Prentice-Hall. 井門富二夫訳『近代社会の体系』至誠堂, 1977.

Riesman,D. 1961 *The Lonely Crowd*, Yale University Press. 加藤秀俊訳『孤独な群衆』みすず書房, 1964.

Rowntree, B. S. 1901 *Poverty : A Study of Town Life*, Macmillan. 長沼弘毅訳『貧乏研究』千城, 1975.

Sassen, S. 2001 *The Global City : New York, London, Tokyo*, 2nd ed., Princeton University Press. 伊豫谷登士翁監訳, 大井由紀・高橋華生子訳『グローバル・シティ──ニューヨーク・ロンドン・東京から世界を読む』筑摩書房, 2008.

Scott, A. J. 1998 *Regions and the World Economy : The Coming Shape of Global Production, Competition, and Political Order*, Oxford University Press.

Scott, A. J. ed. 2001 *Global City-Regions : Trends, Theory, Policy*, Oxford University Press. 坂本秀和訳『グローバル・シティー・リージョンズ』ダイヤモンド社, 2004.

Sjoberg, G. 1960 *The Preindustorial City : Past and Present*, Free Press. 倉沢進訳『前産業型都市──都市の過去と現在』鹿島出版会, 1968.

Storper, M. 1997 *The Regional World : Territorial Development in a Global Economy*, Guilford Press.

Warner, W. L. et al. 1941-59 *Yankee City series* v. 1-5, Yale University Press.

Weber, M. 1896 *Die sozialen Gründe des Untergangs der antiken Kultur*, Frommann. 堀米庸三訳「古代文化没落論」『世界大思想全集 社会・宗教・科学思想篇 21 ウェーバー』河出書房, 1954.

Whyte,W. H. Jr. 1956 *The Organization Man*, Simon and Schuster. 岡部慶三・藤永保訳『組織のなかの人間(上)・(下)』東京創元社, 1959.

(玉野和志)

第2章　都市社会学の歴史的展開

　前章で都市の歴史的展開について述べたので，本章ではそれに対応したそれぞれの時期の都市社会学および都市研究の展開について紹介することにしよう．

2.1　ロンドンと労働者の貧困

労働者の生活と貧困　　一般に都市社会学はシカゴ学派から始まったとされることが多いが，その前身としてロンドンとそこでの貧困研究や労働者生活研究があったことを忘れてはならない．すでにみたように，ロンドンとシカゴは同時代の都市だったのである．とりわけロンドンは産業革命にともなう大工場の集積によって労働者が集住し，貧困と住宅問題が大きな都市問題となった．このような状況にいち早く目を向けた古典的な研究がフリードリヒ・エンゲルスの『イギリスにおける労働者階級の状態』である．エンゲルスはその冒頭で次のように述べている．「私は諸君を諸君の住宅にたずね，諸君の日常生活を観察し，諸君の生活条件や苦悩について諸君と語りあい，諸君の圧政者の社会的・政治的権力にたいする諸君の闘争をこの目で見たいと思った．そして，私はそのようにしたのである」(Engels 1845)．

　エンゲルスの研究から半世紀後になって，同じく歴史的資料としても貴重な記録を残すことになったのが，チャールズ・ブースのい

わゆるロンドン調査である．この調査は「ロンドン市民の生活と労働」と総称される一連の研究シリーズで，1891年から1903年までの歳月をかけて17巻にわたる報告書が刊行された（Booth 1840-1916）．いわゆる貧困線を設定し，当時「世界の工場」といわれ栄華を誇ったロンドン市民の実に3割が貧困線以下の生活を余儀なくされていることを明らかにしたものである．この研究にもとづいてシーボーム・ラウントリがヨークで同様の調査を行い（Rowntree 1901），やはり3割が貧困という結論を得ることで，政府が工場法などの規制に乗り出さざるをえなくなったといわれるものである．

　これらの研究は一般にイギリスにおける労働研究や社会事業研究の先駆として扱われることが多いが，いずれも都市を舞台としていた点に注意すべきである．資本主義の発展によって都市に労働者が集住し，その貧困問題と住宅問題が激化することで，これにたいする社会的な対応として，キリスト教的な慈善活動やセツルメント活動が展開する．ブースは汽船会社を，ラウントリはココア会社を経営する地元の名士で，このような人々が社会事業に着手する時代であった．イーストエンドのトインビー・ホールは，世界最初のセツルメント・ハウスとして有名である．このような民間の篤志家による福祉施設の設置はシカゴでも，日本の大正期にもみられたものである．

社会調査と都市研究　　同時にこの時代の都市研究には，未知の世界としての労働者階級の生活を社会調査によって明らかにするという共通の特徴がみられた．いわば社会調査にもとづく社会学の研究が，まずは都市の研究として始まったのである．ロンドンでは労働研究や貧困研究がすなわち都市研究であり，社会学研究であった．この点はシカゴにおいても同様である．その後，社会学の中で労働研究や移民研究，犯罪研究などが分化していくことで，都市社会学

も独自の研究領域を形成していくことになるが，もともとは都市を舞台とした社会調査にもとづく実証的な社会学研究だったのである．ロンドンの場合は都市社会学というよりも，労働研究や社会事業研究としての色彩が強かったため，一般に都市社会学の源流はロンドンではなく，シカゴにあるといわれるのである．

2.2　シカゴと都市社会学の誕生

トマス，パーク，バージェスと人間生態学　　第一次世界大戦をへて，世界経済の覇権がイギリスからアメリカに移ることで，都市研究の拠点もロンドンからシカゴに移ることになる．どちらも資本主義発展にもとづく大工場の集積と労働者の流入による都市問題への対応を余儀なくされ，上層階級による社会事業が展開したことも同じであった．シカゴではハル・ハウスが有名である（秋元 2002）．シカゴ大学でも社会学部が設立され，都市問題への対応が求められた．ここに結集した研究者グループがシカゴ学派とよばれ，一般に都市社会学の源流とされるわけである（Faris 1967）．

しかしながら，シカゴ学派の社会学はその後の一般的な社会学の展開に比べると，幾分ユニークなものであった．そのことが余計，シカゴ学派の社会学こそが都市社会学であるとする考えを広めることになったが，少なくともタルコット・パーソンズ率いるハーバードの社会学が台頭する 1950 年代までは，シカゴ学派がそのままアメリカの社会学だったのである．

シカゴ学派の社会学の最初の達成は，その初期に在籍したウィリアム・I. トマスとフロリアン・ズナニエツキによる『ヨーロッパとアメリカにおけるポーランド農民』によってもたらされた．そこではヨーロッパからシカゴに流入したポーランドの農民が，都市の中でどのように社会解体的な状況に陥っていくかが，手紙や伝記などのライフドキュメントや生活史データを駆使して明らかにされる．

都市における解体と適応というその後のシカゴ学派社会学の基調を形成しただけでなく，質的データの活用という点でも範例となった作品である（Thomas and Znaniecki 1939）.

このトマスが招いたロバート・E.パークの着任により，シカゴ学派の陣容が整うことになる．パークはまずシカゴという都市を実験室として，そこでヒューマン・ネイチャーを探究すべしという研究方針を掲げる．さまざまな人種や民族，文化的背景を異にする人々の集まる都市こそは人間の本質が赤裸々に現れる場所であり，その法則的な解明を通して同化と社会統合を実現しようというのが，シカゴ学派の社会学とされた（Park 1925）.そこにパークの植物生態学とのアナロジーにもとづく，都市にさまざまな人種や民族が移り住み，それぞれにコミュニティを守って並存する段階から，競争，闘争，応化，同化の社会過程をへてソサイエティが成立するという独特の人間生態学の理論が提示されるのである（Park and Burgess 1924）.その上でパークは都市のさまざまな地域に大学院生たちを送り込むのであるが，その際の地域区分の基礎を提供したのが，アーネスト・W.バージェスの同心円地帯論であった（Burgess 1925）.

バージェスは，やはりその画期的な論文において，都市が都心のビジネス街のもつ活力にもとづいて同心円状に成長していくことを明らかにした．バージェスのこの研究は，地図上にさまざまな社会経済的指標を表示するその後の社会地区分析や，今日の地理情報システム（GIS）の先駆となった．それだけでなく，都心周辺の推移地帯にまず流入した移民たちが，徐々に成功をつかむにつれて郊外へと移っていくというアメリカン・ドリームを，まさにその都市空間において読み取り，実践していくという社会空間のあり方を描いた点でも古典的な価値をもつものである．パークに促されてそれらの地区にフィールドを定めた院生たちは，ホームレスやギャング，不良少年やホテル暮らしの人々の生活を綿密に描いた事例研究をものにしていく．こうして蓄積された一連の作品はシカゴ・モノグラ

フとよばれている（Anderson 1923; Hayner 1936; Shaw 1930; Zorbaugh 1929）.

ワースのアーバニズム論　　以上のように，豊かに蓄積されたシカゴ学派の都市研究は，やがてルイス・ワースの手際よくまとめられた論文によって，よかれあしかれ集大成されることになる.「生活様式としてのアーバニズム」という論文がそれである（Wirth 1938）. ワースはまず都市を「相対的に大きく，密度が高く，社会的に異質な諸個人からなる，永続的な居住地」と規定した上で，都市をめぐる諸問題を①人口学的生態学的視点，②社会構造的な視点，③パーソナリティと集合行動という視点の3点から整理する. このようにしてシカゴ・モノグラフが個別に明らかにした知見を体系的に整理すると同時に，全体として以下のような都市のイメージを提示した.

つまり，人口の増大によってもはや第一次的な接触にもとづく社会統合が困難となり，第二次的な接触が優勢になることで，それに対応したパーソナリティと集合行動のあり方が求められるようになるが，それが円滑には進まないために，さまざまな社会解体的な状況があらわになっている，というのである. これがいわゆるワースのアーバニズム論である. ワースのこの論文はシカゴ・モノグラフとは異なり，コンパクトで読みやすかったこともあって，その後，日本をはじめ多くの国々で読まれることになり，近代の都市化がもたらす影響を示す典型的な議論として広く受け入れられていく. しかしながら，シカゴで強調された文化的な異質性と軋轢は，移民の国アメリカの都市としての特殊性を反映していたのであって，このようなアーバニズム論の文化主義的な傾向は，その後，批判を受けることになる.

いずれにせよシカゴ学派の都市研究は，近代初期の都市化がもたらした混乱を，社会地図や生活史データなど，さまざまな社会調査

の技法を用いて鮮やかに描き出したところに，その最大の貢献があったといえよう．

2.3　シカゴ学派都市社会学への批判

イデオロギーとしてのアーバニズム　20世紀初頭から1930年代までを頂点とするシカゴ学派の都市研究は，その後多くの批判にさらされることになる．それにはいくつかの側面があるが，その背景にはワースによって要約されたアーバニズム論が，日本をはじめ多くの途上国に受け入れられていったという事実がある．にもかかわらず，そのアーバニズム論がアメリカの状況にもとづくある特質をもっていた点が挙げられる．ワースの枠組みに明らかなように，シカゴではさまざまな人種や民族が流入したことが議論の出発点になっている．実際にはロンドンと同様に大工場の集積という資本主義的な発展が出発点であるにもかかわらず，民族にもとづく文化的な差異が勝ってしまったのである．そのためアーバニズム論は多分に文化主義的に理解されることになった．あたかも近代化や都市化がもっぱら文化的な現象であるかのような理解が広がったのである．

　このことが，途上国にとって都市化が近代的な文化を受容する過程として理解されることにつながり，ある種のイデオロギーとして作用することになる．マニュエル・カステルが改めて都市化を資本主義的な発展と関連づけて論じようとしたとき，シカゴ学派のこの文化主義的な傾向をことさらに批判しなければならなかった．それは，途上国において都市化の名のもとに実際には資本主義的発展やアメリカ的な生活様式の採用が迫られているという現実があったからである．

　新都市社会学の台頭　当初，主としてカステルによって担われた新都市社会学は，とりわけラテンアメリカにおける都市化の現実

に言及しながら，シカゴ学派のイデオロギー的な傾向を批判することになる．しかし，それは他方で都市をめぐる新しい状況とも関連していた．フォーディズムの下での郊外化の進展がそれである．カステルの新都市社会学の台頭に少し遅れて優勢となるデイヴィッド・ハーヴェイらの批判的地理学においても事情は同じである．カステルやハーヴェイが展開した新しい都市研究は，マルクス主義的な政治経済学を基盤として，シカゴ学派が実験室とした都市だけではなく，それが途上国へと広がっていく側面や都市そのものが郊外へと拡張していく側面に目を向けていた．その詳細については次章以下で改めてふれるとして，ここではその概略だけを紹介しておきたい．

　カステルは1972年に刊行した『都市という問い』（一般には『都市問題』と訳されている）によってシカゴ学派都市社会学を批判し，華々しく新都市社会学を旗揚げする（Castells 1977）．そこでは，まず都市がはたして独自の科学的な研究対象でありうるかが問われ，もはや生産面においては独自の対象ではありえないことが明らかにされる．そのうえでシカゴ学派の都市社会学がもつ文化主義的な傾向をとらえ，旧来の都市社会学はイデオロギーにすぎないと批判する．このあたりはルイ・アルチュセールの理論の都市研究への適用という色彩が強い．

　集合的消費と建造環境　　しかし，カステルのねらいは都市社会学の否定ではない．都市社会学は次のような意味で科学たりえるというのが，カステルの主張である．すなわち都市はもはや生産面では独自性をもちえないが，消費面に目を向ければ，労働力の再生産のための集合的消費の単位という意味で独自性をもちえている．労働力の再生産とは，資本主義的発展に不可欠な労働力としての人々の生活を成り立たせることであり，都市の場合はそのために必要な道路や公園などの社会的共同消費手段を整備する必要があるが，そ

れらは整備に費用がかかるにもかかわらず，不特定多数の利用を制限できないという集合財としての性質をもつ．そのため市場に任せても整備されず，どうしても自治体が都市政策によって整備する必要がある．ところが，都市政策や都市計画は生産面での要請にも応える必要があるため，ときとしてその内容にたいして労働力再生産のための集合的消費という側面から異議申し立てがなされる場合がある．これを都市の集合的消費に関わるという意味で「都市社会運動」とよび，自治体の側でのこれにたいする一連の政治的な対応を「都市政治」とよんで，この都市社会運動と都市政治こそが都市社会学の固有の研究対象であるとしたのである（Castells 1977）．

　以上のようなカステルの立論が，もはや生産面での関係が希薄で，集合的消費としての生活基盤整備の方が市民にとっての主要な関心事となった郊外化の時代に適合的な議論であることがわかるだろう．事実，1960 年代から 70 年代にかけてのフランスは，パリ郊外の住宅地開発が進んだフォーディズムの時代であった．同じく日本でも住民運動と革新自治体の時代として，宮本憲一の社会資本論による社会的共同消費という，カステルの議論の先駆けともいえる議論にもとづき，郊外をはじめとした都市の生活基盤整備の必要が，シビル・ミニマムとして求められた時代であった．新都市社会学が本格的に日本に紹介され，受容されていくのは，かなり遅れて 80 年代以降のことになるが，都市社会運動と都市政治こそが都市社会学の基本的な問いであるとしたカステルの問題提起は，むしろ住民運動の時代に適合的であったといえよう．

　他方，カステルを中心とした新都市社会学に若干遅れて注目されるようになるハーヴェイらの批判的地理学は，同じく郊外化による住宅地開発を背景としながらも，やがて都心部においても展開する建造環境への関心を高めることになる．「建造環境」とは，消費面だけでなく生産面においても将来的な発展の元本となる，都市の物的な空間構造を意味する．そこでは労働力再生産のための集合的消

費という側面だけではなく，資本主義が生産面も含めて都市空間をどのように変革していくかが，グローバルなレベルで追究されていく．「資本の第二次循環」，「時間による空間の絶滅」，「空間的固定／回避」などの議論がそれである（詳しくは第6章で扱う）．こうしてハーヴェイらの批判的地理学の議論は，フォーディズム以後の時代に，より適合的なものとして注目されていくことになる．

2.4 ポスト・フォーディズムと空間の生産

ケインズ主義と福祉国家の終焉　大量生産・大量消費にもとづくフォーディズムの蓄積体制は，石油ショックを境に転換を余儀なくされていく．ケインズ政策などによって賃金と雇用を保障することで大量消費の実現を促してきた福祉国家も，財政危機によってその存立が徐々に脅かされていく．とりわけ欧米先進国は石油ショック以降，それまで保障されてきた固定的（リジッド）な労働慣行などにも阻まれて，いち早く柔軟（フレキシブル）な生産管理に着手した日本やその他の新興諸国の台頭によって困難な状況に追い込まれていく．そのため，先進国の多国籍企業がその生産拠点を海外に移すとともに，日本の企業が欧米に進出することで，改めて経済のグローバル化が進むことになる．

　1980年代に入ると，アメリカのレーガン政権とイギリスのサッチャー政権によって新自由主義的な改革が進められていく．それまで保障されてきた労働者の権利が徐々に掘り崩され，福祉国家は解体されていく．生活の保障よりも，自由競争にもとづく経済成長が改めて重視されるようになり，集合的消費よりも生産面での創造性や革新性が再び注目されるようになる．都市研究の焦点が消費面から再び生産面へと移行することになる．それにつれて新都市社会学も，カステルよりもハーヴェイによる批判的地理学の議論が優勢となっていく．

ジェントリフィケーションと空間の生産　ハーヴェイはフォーディズムにおける郊外化の過程を，資本主義的な発展の危機が地理的に回避された事例であることを示した．それだけでなく，ポスト・フォーディズムにおけるさらなるグローバル化がもたらす新しい国際分業の体制もまた，「時間による空間の絶滅」を基調とした「空間的固定／回避」の過程であることを強調する．すなわち，交通通信手段の革新によって時間と空間の従来までの制約を克服し，資本主義の危機を地理的に回避して新しい空間的付置を確定する営みであるというのだ．さらには固定資本としての「建造環境」が絶えず更新されていくことが「資本の第二次循環」を介した資本主義的発展の礎となることが示される（Harvey 1982, 1985）．

　このような議論は，先進国の都市から製造業が途上国へと移転することで衰退した都心のインナーエリアが，新しい産業を呼び込むことで洗練化されていく，一般に「ジェントリフィケーション」とよばれる都市再開発の過程を説明するうえで有力なものとなっていった．ここに，福祉国家の下での労働力の再生産と集合的消費という郊外化の時代とは異なった視点として，空間の生産という議論が台頭してくる（Lefebvre 1974）．

　同時にそれは再び生産面に着目し，都市の成長戦略を描く，ポスト・フォーディズムの時代における都市研究を推進することになる．ハーヴェイはこのような変化を「都市管理者主義から企業家的都市へ」として定式化している（Harvey 1989）．都市は創造的で革新的な差異を生みだすことで，世界経済を牽引する地域的な推進力（リージョナル・モーター）とみなされ，そのような地域を生みだすような都市の成長戦略が，クリエイティブな人材・産業・投資を呼び込むことを可能にする新しい都市空間の創造を目的として展開するようになる（Scott 1998; Storper 1997）．新製品開発やハイテク産業などの研究開発面からの知識基盤型産業の育成だけではなく，創造的な人々をひきつける文化的側面からの空間形成も含めた「創造都市」

や「クリエイティブ・クラス」,「創造産業」への関心が高まっていくことになる (Florica 2002, 2005).

　　グローバリゼーションと世界都市　　こうして, 現在では世界中の都市がグローバルな経済活動の中での独自の地位や存在感を求めて互いに競い合う状況が一般化しているが, このような認識へと深化していく過程で, 都市研究の展開という点からいえば, まずは世界都市論が果たした役割が大きい. ジョン・フリードマンは, 新国際分業の下で世界中の都市が支配的な上下関係にもとづくネットワークを形成していて, もはや単独での都市の分析は意味をなさないと主張する. 同時に, 世界的な規模での中枢管理機能の集積するニューヨークやロンドンなどの世界都市では, 移民の流入にともない貧富の差が拡大し, 個別の国家のレベルでは対応が困難になるだろうという予測にもとづく「世界都市仮説」を提示する (Friedmann 1986). これ以降, グローバルな広がりをもった世界都市に関する研究が注目を集めることになる.

　　サスキア・サッセンは, ニューヨークやロンドンにおいては製造業の衰退にともない, 財務・会計・法務・広告・経営コンサルタントなどの「生産者サービス業」が集積するようになり, 多国籍企業がグローバルに事業を展開するうえで必要な, 金融面を中心とした専門的なサービスが提供されるようになると述べる. それにともないホテルやレストラン, ビルメンテナンスや警備などの単純サービス業の需要も大きくなり, 主としてこの部分に移民労働者が流入する. その結果, 製造業によって支えられていたかつての安定的な中間層が失われ, 階層間の格差が拡大するという点にグローバル・シティの特徴をみている (Sassen 2001).

　　日本でもこのような世界都市論の展開に呼応して, 東京の世界都市化を目指して国・東京都・財界などが「都市成長連合」を形成したとする町村敬志の研究や (町村 1994), 東京の世界都市化にとも

なう格差の拡大をつぶさに検証し，確かに格差が拡大していく傾向はあるが，それはいまだ「兆し」にすぎないとする園部雅久の研究などが現れる（園部 2001）．他に，90 年代以降，現実の変化にも促されて，ホームレスなどの野宿者や外国人労働者などのエスニシティに関する研究が，日本の都市社会学においても有力な研究領域のひとつになっていく．

格差の拡大と不平等　　さらに，このような都市下層研究や移民研究によって浮き彫りにされていった世界都市における格差の拡大は，「二重都市」や「分裂都市」という表現を通して，先進国都市と途上国都市との格差とも重ね合わされるようになる．こうしてこれまで世界都市論や第三世界の都市化論として別々に論じられてきた問題が，実はポスト・フォーディズムの時代におけるグローバリゼーションを共通の背景とした，ひとつの問題であることが認識されるようになる．そこから，先進国の都市であろうと途上国の都市であろうと，世界中の都市が資本主義世界経済との関連でその独自の位置づけをめぐってしのぎを削る状況があらわになってくる．

　このような状況をふまえて，近年ではグローバルなレベルでの全般的な都市化（Global Urbanization, Planetary Urbanization）の進行と，そこでの個々の都市における独自のあり方を経路依存的に明らかにすることを通して，新たな都市設計や都市政策に貢献しようとする都市社会学の新しいあり方が模索されつつある（Brenner ed. 2014）．

参照文献

秋元律郎 2002『現代都市とエスニシティ——シカゴ社会学をめぐって』早稲田大学出版部.

園部雅久 2001『現代大都市社会論——分極化する都市？』東信堂.

町村敬志 1994『「世界都市」東京の構造転換——都市リストラクチュアリングの社会学』東京大学出版会.

Anderson, N. 1923 *The Hobo : The Sociology of the Homeless Men*, University of Chicago Press. 広田康生訳『ホーボー(上)・(下)』ハーベスト社，1999，2000.

Booth, C. 1840–1916 *Life and Labour of the People in London, First Series : Poverty East, Central and South London*, AMS Press.

Brenner, N. ed. 2014 *Implosions/Explosions : Towards a Study of Planetary Urbanization*, Jovis.

Burgess, E. W. 1925 "The Growth of the City : An Introdution to a Research Project", R. E. Park, E. W. Burgess and R. D. McKenzie, *The City*, University of Chicago Press. 大道安次郎・倉田和四生訳『都市——人間生態学とコミュニティ論』鹿島出版会，1972.

Castells, M. 1977 *La Question Urbaine*, F. Maspero. 山田操訳『都市問題——科学的理論と分析』恒星社厚生閣，1984.

Engels, F. 1845 *Die Lage der arbeitenden Klasse in England*. マルクス=エンゲルス全集刊行委員会訳『イギリスにおける労働者階級の状態１，２』大月書店，1971.

Faris, R. E. L. 1967 *Chicago Sociology : 1920–32*, University of Chicago Press. 奥田道大・広田康生訳『シカゴ・ソシオロジー 1920-1932』ハーベスト社，1990.

Florica, R. 2002 *The Rise of the Creative Class*, Basic Books. 井口典夫訳『クリエイティブ資本論』ダイヤモンド社，2008.

Florica, R. 2005 *Cities and the Creative Class*, Routledge. 小長谷一之訳『クリエイティブ都市経済論』日本評論社，2010.

Friedmann, J. 1986 "The World City Hypothesis", *Development and Change* 17 (1). 廣松悟訳「世界都市仮説」, P. L. ノックス／P. J. テイラー編，藤田直晴訳編『世界都市の論理』鹿島出版会，1997.

Harvey, D. 1982 *The Limits to Capital*, Basil Blackwell. 松石勝彦・水岡不二雄他訳『空間編成の経済理論——資本の限界(上)・(下)』大明堂，1989-90.

Harvey, D. 1985 *The Urbanization of Capital : Studies in the History and Theory of Capitalist Urbanization*, Basil Blackwell. 水岡不二雄監訳『都市の資本論』青木書店，1991.

Harvey, D. 1989 "From Managerialism to Entrepreneurialism : The Transformation of Urban Governance in Late Capitalism", *Geografiska Anterieur*, Series B : *Human Geography* 71(1). 廣松悟訳「都市管理者主義から都市企業家主義へ——後期資本主義における都市統治の変容」『空間・社会・地理思想』2，1997.

Hayner, N. S. 1936 *Hotel Life*, University of North Carolina Press. 田嶋淳子訳

『ホテル・ライフ』ハーベスト社，1997.

Lefebvre, H. 1974 *La production de l'espace*, Anthropos. 斎藤日出治訳『空間の生産』青木書店，2000.

Park, R. E. 1925 "The City : Suggestions for the Investigation of Human Behavior in the Urban Environment", R. E. Park, E. W.Burgess and R. D. McKenzie, *The City*, University of Chicago Press. 大道安次郎・倉田和四生訳『都市——人間生態学とコミュニティ論』鹿島出版会，1972.

Park, R. E. and E. W. Burgess 1924 *Introduction to the Science of Sociology*, Greenwood Press.

Rowntree, B. S. 1901 *Poverty : A Study of Town Life*, Macmillan. 長沼弘毅訳『貧乏研究』千城，1975.

Sassen, S. 2001 *The Global City : New York, London, Tokyo*, 2nd ed., Princeton University Press. 伊豫谷登士翁監訳，大井由紀・高橋華生子訳『グローバル・シティ——ニューヨーク・ロンドン・東京から世界を読む』筑摩書房，2008.

Scott, A. J. 1998 *Regions and the World Economy : The Coming Shape of Global Production, Competition, and Political Order*, Oxford University Press.

Shaw, C. R. 1930 *The Jack-Roller : A Delinquent Boy's Own Story*, University of Chicago Press. 玉井眞理子・池田寛訳『ジャック・ローラー——ある非行少年自身の物語』東洋館出版社，1998.

Storper, M. 1997 *The Regional World : Territorial Development in a Global Economy*, Guilford Press.

Thomas, W. I. and F. Znaniecki 1939 *The Polish Peasant in Europe and America*, Ulan Press. 桜井厚訳『生活史の社会学——ヨーロッパとアメリカにおけるポーランド農民』御茶の水書房（部分訳），1983.

Wirth, L. 1938 "Urbanism as a Way of Life", *American Journal of Sociology* 44 (1). 松本康訳「生活様式としてのアーバニズム」松本康編『近代アーバニズム』日本評論社，2011.

Zorbaugh, H. W. 1929 *The Gold Coast and the Slum : A Sociological Study of Chicago's Near North Side*, University of Chicago Press. 吉原直樹他訳『ゴールド・コーストとスラム』ハーベスト社，1997.

（玉野和志）

II

都市をいかにとらえるか

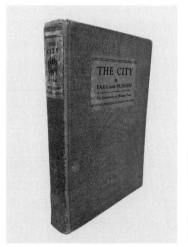

　パーク，バージェスらの *The City*（University of Chicago Press, 1925）と
鈴木栄太郎の『都市社会学原理』（有斐閣，1957 年）．都市を理論的にとらえる
うえでの基礎となる著作である．

第3章　都市とは何か

本章では，都市社会学の基本的な概念について説明する．

3.1　都市の定義

都市とは何か　　都市社会学の対象は，いうまでもなく都市である．それでは，まず都市とは何であろうか．実は都市をどう定義するかは，それほど自明なことではない．都市をめぐってはさまざまな議論があり，そのような議論の広がりそのものも，都市の魅力だからである．しかし，ここではまずもっとも自明なものとしての都市から話を始めることにする．そのうえでより刺激的で深遠な都市の概念に迫ってみたい．その場合の都市はむしろ都市性もしくは都市的なるものと表現した方がよいかもしれない．

さて，もっとも自明な都市の定義は，われわれが日常生活で都市とよんでいる実体としての存在である．それは一般にある空間的な広がりをもった地理的範囲であり，人々が集まって暮らしている集落である．地域的範囲をもった集落には2種類あって，ひとつが都市でもうひとつが村落である．したがって，都市は村落ではないタイプの集落ということになる．では，村落とは異なる集落としての都市の特徴はどこにあるのか．それが都市の定義ということになる．

ここでは都市の定義を次の3つの側面から取りあげることにしよう．①人口の量と密度，②職業と生活様式，③権力と支配の3つで

ある.

人口の量と密度　集落に暮らしている人口の量と密度に注目する都市の定義は, もっとも一般的なものである. とりわけ英語圏においてそうであるように思われる. すでに紹介したシカゴ学派のルイス・ワースの定義が有名である. 「相対的に大きく, 密度が高く, 社会的に異質な諸個人からなる, 永続的な居住地」というのが, それである (Wirth 1938). ここでいう「社会的に異質な諸個人」というのは, シカゴ学派の場合, 端的には人種や民族が違うということを意味している. このワースの定義は, もっとも一般的な都市の概念を示していると同時に, 後で述べる都市性や都市的なるものをも含み込んでいる点に, その卓越した側面がある. この定義は, 社会的に異質な諸個人が, 異質であるにもかかわらず, 互いに接触をもたざるをえないくらい, 大量にしかも混み合って暮らしているという状態を指し示している. 今にもその異質性が互いにぶつかり合い, 何かが起こる緊張とダイナミズムを湛えているという定義なのである. ここに長い間典型的な都市の定義として繰り返し言及されてきたゆえんがある. 単なる人口学的な特徴を述べただけではなく, 都市が本質的にもっている何かを示そうとした定義なのである.

　同じように人口の量と密度に着目し, 都市の本質を示そうとした定義に, マックス・ヴェーバーの定義がある. 彼はいくつか別の定義も示しているが, 「近隣団体に特有な・住民相互間の個人的対面的な知合関係が欠けている程に」, 「密集連接している家々から成る一つの集落を意味する」(傍点訳書) という定義を行っている (Weber 1956). これなども単なる人口の量と密度という側面だけではなく, そのことのもたらす社会的な帰結をも示唆した味わいのある定義といえるだろう.

職業と生活様式　次に, 都市に暮らす人々の職業や生活様式に

注目した定義を紹介しよう．村落とは異なる集落としての都市の住民が，農林水産業にはあまり従事していないというのは，誰もが思いつく都市の特徴である．また，都市が何やら村落とは異なる，独特の文化的な生活態度や生活様式を示しているというのも，よく指摘されることである．このような側面から都市を定義しようとする試みである．そのひとつとして，ヴェーバーと同時代のドイツの経済学者であるヴェルナー・ゾンバルトが残した定義に，次のようなものがある．「比較的大なる人間の居住地にして，その生活物資を他者の農業労働の生産物にあふぐ」（あおぐ）ものというのが，それである（Sombart 1916）．

前段の「比較的大なる人間の居住地」というのは，ワースの定義と変わらないが，後段の叙述にワースの定義と同様に味わい深いところがある．つまり多くの人間が暮らしているにもかかわらず，それらの人々がもっとも基本的な生活物資であるところの食糧生産にはまったく従事していない集落だというのである．ワースの定義が葛藤と緊張を予測させるのにたいして，ゾンバルトの定義はいかにも不可思議な謎を提示している．事実としては単に農林水産業に従事していないという特徴を指摘しているにすぎないが，そのことがけっして自明なことではなく，いかにも不思議なことであり，そんな不思議なことを成り立たしめている側面に，実は都市の本質があるのではないかと思わせる定義なのである．

権力と支配　　そして，この不思議な事実に焦点を絞っていくと，やがて権力と支配という側面に都市の本質を求める定義へと導かれていく．自らは食糧生産に従事していないにもかかわらず，多大な人口を擁しているということは，その集落が他の集落から十分な食糧を持続的に調達するだけの力をもっているということである．藤田弘夫はたとえ村落が飢えたとしても，都市は必要なだけの食糧を確保するのであって，都市が飢えるのは，戦乱などのために時の支

配権力が円滑に機能しなくなったときだけであると述べている（藤田 1993）.

　都市を権力や支配という側面から定義する試みは，英米ではあまりみられなかったように思う．世界都市論が多国籍企業によるグローバルに広がった生産過程と資金調達に着目して，世界の主要都市間のネットワークと序列に関心を向けるようになるまでは，都市は自由な経済活動の中心であって，政治や権力とは別次元で扱われることが多かった．それゆえ第三世界の都市化をめぐって植民地支配にもとづく従属関係を明らかにした従属理論の衝撃は大きかったのである．都市の定義をめぐって軍事的な要衝との関連に言及しているゾンバルトやヴェーバーはドイツの研究者であるし，以下に紹介する定義はいずれも日本の研究者によるものである点が興味深い．

結節機関説と統合機関説　　日本の都市社会学においてもっとも有名な都市の定義が，鈴木栄太郎のいわゆる結節機関説である．鈴木は都市を「人・物・心の社会的交流の結節機関を蔵するところの聚落」と定義している（鈴木 1957）．すなわち人や物や情報を集め，発信する節目となるような機関や施設が多く存在している集落（=聚落(しゅうらく)）が都市だというのである．同じような定義として，鈴木の影に隠れてあまり言及されないものに，矢崎武夫の統合機関説がある．矢崎はシカゴでワースの薫陶を受けて帰国した日本の都市社会学者である．そんな矢崎がなぜか，帰国後，歴史研究にのめり込むことになる．そうして著した著作が『日本都市の発展過程』と『日本都市の社会理論』である．矢崎はそこで都市とは「一定の地域に，一定の密度をもって定着した一定の人口が，非農業的な生活活動を営むために，種々な形態の権力を基礎に，水平的・垂直的に構成された人口である」と定義している（矢崎 1963）．都市は「特定の政治，軍事，経済，宗教，教育，娯楽その他の組織を通じて，広範な地域と結合し，農村の余剰を」吸収することによって可能となるもので

あり，「この組織を運用するために，相互に関連したそれぞれの統合機関が中核をな」しているとされる．

　鈴木の結節機関説と矢崎の統合機関説は，なぜか前者のみが重くみられる傾向があるが，筆者は後者の方が圧倒的に有意義な概念だと思っている．結節機関説は単に社会的交流の節目になっているということしかいわないのにたいして，統合機関説は節目になることを通して何らかのまとまりをもたらしているという含意をもっている．しかもそれは単なる統治機関ではなく統合機関なのだ．さまざまな生活領域におけるそれぞれのまとまりを作りだす機能を果たすということである．単なる政治的な権力や支配だけではなく，さまざまな社会的領域における影響力も含めて，何らかの統合機能をもつ機関が集まっているのが都市ということである．国家権力が大きな役割を果たしてきた日本において発達してきた，これらの都市の定義は，今後同じように国家の影響力の大きい国々や，グローバルな都市間ネットワークが焦点となる都市研究において，案外有効な概念として用いることができるのかもしれない．

　都市と都市的なるもの　　以上，都市を特徴づけるいくつかの視点を紹介する意味で，都市の定義について検討してきた．都市は一般に人々が暮らすある特徴をもった集落を意味している．しかし，都市はしばしば実体的な集落としてではなく，それが生みだすある特質を意味するものとして使われることも多い．厳密にいえば，都市そのものではなく，都市性ないし都市的なるものであるが，このような用法として代表的なものが，アンリ・ルフェーブルの都市論である．ルフェーブルは都市を，異質なものが集まりそれらが交差することで，新しい何かが生まれる場所として定義する．ルフェーブルにとって都市は差異が緊張と葛藤をもって存立し，互いにぶつかり合うことで閃光を放つ場所であり，同質化や均一化とは相容れないものである（Lefebvre 1968, 1970）．

都市性について，創造性，革新性，新奇性，多様性，異質性，寛容さなどの特質がよく語られるが，都市の実体的な定義というよりも，そのような都市の本質に関わる議論である．このような認識も，決まりきったものではなくフレキシブルでイノベーティブな，創造的能力こそが求められるポスト・フォーディズムの時代の都市研究にはふさわしいものである．それはまたワースの定義にも示唆されていたことであるし，都市が食糧を集め，多くの人々をひきつける権力や支配の拠点であるがゆえに，どうしても異質なものを排除することができないとみることもできよう．このように，実体としての都市と都市性ないし都市的なるものとは，概念としては区別しつつも，相互の関連に注意すべきものなのである．

3.2 都市化，郊外化，反都市化，再都市化

都市化の諸概念　次に，都市化に関する諸概念について述べよう．都市と都市化も都市と都市性に似た関係がある．都市が空間的な実体と都市的なるものとに分かつことができたように，都市化も実体としての都市になるという意味と，都市的なるものが広がっていくプロセスという意味の両方がある．中村八朗はこのような都市化の意味を表3-1のように整理している（中村 1973）．横列の5つの区分のうち，「(2)特定地域の変化」だけが実体としての都市になるという意味で，他はすべて何らかの側面で都市的な特徴が進んでいくことを意味している．まずはここでも実体としての都市化の方から述べていくことにしたい．実体として特定の空間的範域に存在していた都市において，都市化が進行していく過程をとらえる諸概念について，まず整理しておきたい．

クラッセンの都市サイクル仮説　そのような意味での都市化のプロセスをすっきりと理解するうえで便利なものに，クラッセンの

表3-1 「都市化」の内包のマトリックス

	(a)生態学的側面 (人口を含む)	(b)社会構造的 側面	(c)生活構造的 側面	(d)意識的側面
(1) 全体社会の変化	1-a	1-b	1-c	1-d
(2) 特定地域の変化	2-a	2-b	2-c	2-d
(3) 生活様式の変化	3-a	3-b	3-c	3-d
(4) 都市的生活様式 の農村への普及	4-a	4-b	4-c	4-d
(5) 個人の変化	(5-a)	(5-b)	5-c	5-d

注) 5-a, 5-bは論理的にありえないセル.

都市サイクル仮説とよばれるものがある. 図3-1に示したのがそれである. レオ・クラッセン自身は1960年代から70年代にかけてのヨーロッパの諸都市の盛衰を跡づけたうえで, この図式を80年代以降の展望を語るために提示したのであるが (Klaassen et al. 1981), この辺の意味合いについては後で述べることにして, まずは諸概念の整理という意味で参照しておく.

クラッセンはヨーロッパの諸都市を分析するにあたって, 都心とその周辺の人口の推移に注目する. 横軸に都心部の人口をとり, 縦軸に郊外人口をとる. まず, 都市の発展は郊外から都心へと人口が移動するところから始まる. 都心人口が増加し, 郊外人口が減少するタイプⅠの段階である. さらに, やがて人口増は郊外へも広がっていく (タイプⅡ). この2つの位相が「都市化」である. ところが, やがて都心の人口増が鈍化していくタイプⅢの段階をへて, 都心の人口が減少し, 郊外の人口が増加するタイプⅣの段階へといたる. この2つの段階が都心から郊外へと人口が流出する「郊外化」の位相である. さらに, やがて郊外の人口増も鈍化していき (タイプⅤ), ついには郊外の人口も減少に転じてしまう (タイプⅥ). この段階が郊外も含めて都市全体が衰退してしまう「反都市化 (ないし逆都市化)」の位相である. そして, 再び都心の人口が回復しはじめ (タイプⅦ), やがて郊外の人口も増加に転ずるのが, 「再都市化」の位相

図3-1　都市サイクルの8タイプ分類

出所）L.H. Klaassen et al. 1981 から作成.

である.

　以上のように，都心と郊外の人口の増減を組み合わせて，都市化，郊外化，反（逆）都市化，再都市化が定義される．それぞれの概念を理解するうえでは，このような説明がわかりやすいだろう．

　資本主義世界経済と都市化の諸段階　　しかしながら，これらの過程が円環状の循環的なサイクルを形成するものかどうかは保証の限りではない．ここではむしろ，このような循環的な過程を展望したクラッセンの事情を考えてみることにしたい．クラッセンが実際に分析を行った1960年代から70年代にかけて，ヨーロッパの諸都市は，フォーディズムの行き詰まりによる都市の衰退が叫ばれた時期にあった．クラッセンにとって反都市化は現実であったが，再都市化はまだ現実とはなっていなかった．ヨーロッパの都市が実際に復活を遂げるのは，80年代から90年代にかけてのことである．

1981 年にこの本を出版したクラッセンには，再都市化は政策的な課題であって現実ではなかった．再都市化を望むがゆえに都市の盛衰を循環的なサイクルになぞらえたのである．

　したがって，ここでは都市化，郊外化，反都市化，再都市化というクラッセンが循環的なサイクルととらえた過程を，帝国主義からフォーディズム，そしてポスト・フォーディズムへという資本主義世界経済の蓄積体制における具体的な歴史過程と関連させてとらえることにしたい．反都市化とは，ヨーロッパにおいてフォーディズムの減退にともない製造業が転出してしまう産業空洞化によって，都市の衰退がみられた時期を意味している．また再都市化とは，ポスト・フォーディズムの下での成長戦略によって，都市再生や都市再開発が進められていく時期に対応している．

　したがって，1970 年代から 80 年代にかけて製造業が引き続き成長を遂げて，ヨーロッパ都市衰退の原因ともなった日本の場合は，反都市化の時期はけっして鮮明ではない．日本の都市はこのときも持続的に成長していたのである．日本の都市が若干衰退の様相を呈するのは，バブル経済による地価高騰によって都心部の人口が減少する時期であり，それに続くバブル崩壊後の地価下落によって都心の人口が回復する時期が再都市化のようにみえるだけである．どちらの時期も郊外を含めた大都市圏の人口は増え続けていたのであり，クラッセンのいう反都市化や再都市化とは厳密にいうと異なるものなのである．

　以上のように，都市化，郊外化，反都市化，再都市化という概念は，帝国主義からフォーディズム，さらにポスト・フォーディズムにいたる資本主義世界経済の歴史的転換とそこにおける各地域や国々の位置づけの違いによって，異なった形態をとりうる歴史過程をとらえるための概念と理解されなければならない．けっして単線的に推移するものでも，循環的なサイクルを形成するものでもない．製造業を中心とした国民経済の成長によって都市化と郊外化を経験

した後に，それらがグローバルに再編される過程で反都市化を経験し，さらには新しく成立した多国籍企業のグローバルな生産過程を支える生産者サービス業や研究開発機能などの知識基盤型産業の集積によって再都市化が進行していく．これらはいずれも実体としての都市の変化を示す概念であった．

プラネッタリー・アーバニゼーション　　それでは，都市的なるものが広がっていくという意味での都市化の概念としては，いかなることが考えられるだろうか．都市化，郊外化，反都市化，再都市化という変化は，あくまである空間的な境界内での変化であった．ところが，これらの過程を通じて成立していったグローバルに広がる資本主義世界経済のネットワークは，今では世界中の地域を，都市であろうが村落であろうが，必要に応じて自由に結びつけてしまう広がりをもっている．その意味では地球全体が内も外もなく，全般的に都市化されてしまったようなものである．

　事実，現在では郊外といっても住宅だけではなく都心部以上に多くの事業所が立地し通勤者を集めていたり，もはや都心への買い物を必要としないほどのショッピング・モールを抱えている場合が多い．アメリカではこのような現象が「エッジ・シティ」とよばれているが（Garreau 1991），東南アジアなどでも，分権化にともない特定の地域がエネルギー資源や観光資源の開発によって外資を呼び込み，急激に都市として発展するなどの現象が注目を集めている（Miller 2013）．このようにもはや都市や村落の区別は重要ではなく，地球全体が都市化のプロセスの只中にあるという意味での「プラネッタリー・アーバニゼーション」が展望されているのである（Brenner ed. 2014）．従来，一国単位で考えられていた「都市化社会から都市型社会への転換」が，さらに惑星単位で想定されているわけである．

3.3 都市の2つの側面

シカゴ学派の視点と新都市社会学の視点　　都市と都市化という都市社会学にとって基本的な概念について説明してきた．次に，そのような都市にまつわる諸現象を分析する枠組みについて考えてみたい．都市や都市化について理解するためには，それらをどのような諸要因の中に位置づける必要があるのか．

　この点については，すでに都市社会学の歴史的な展開が基本的な観点を示唆している．シカゴ学派の視点とこれを批判した新都市社会学の視点である．シカゴ学派はあくまで都市を単位として，その内部で具体的に展開する都市住民の織りなす生活世界を対象とした．これにたいして新都市社会学は都市そのものを規定する資本主義的な社会的諸関係の中で都市を探究した．マニュエル・カステルの場合は集合的消費に関わる政治行政的なシステムが，デイヴィッド・ハーヴェイの場合にはグローバルに広がった資本主義の経済システムとの関連が重要であった．本書はこの2つの系譜を対立的にとらえるのではなく，統一的に理解しようとしてきた．したがって，ここではこのような理解を都市分析の枠組みにも反映させることにしたい．

　都市システムと都市住民の社会的世界　　都市はまず次の2つの側面からとらえることができる．ひとつは都市システムであり，もうひとつは都市住民の社会的世界である．都市システムとはカステルが集合的消費との関連でかなり限定的にとらえた概念を，いくらか拡張したものである．都市とよばれる空間的領域に何らかの影響力を及ぼす制度的な諸関係の総体を意味する．端的には地方自治体がその主たるものであるが，それに限定されるわけではない．他方，社会的世界とはシカゴ学派が対象とした，都市の人々によって生き

られた日常的な生活世界を意味する．都市はそれ自体が空間的に構成されると同時に，そこに暮らす人々の生活が展開する場でもある．都市はまずこの2つの側面からとらえるべきものである．ただし都市社会学が社会学である限りでは，どちらかといえば後者の側面が社会学に独自の対象というべきであろう．前者の側面は通常，経済学や行政学，政治学などの専門領域に属することが多く，そこでの知見が後者の側面との関連で生かされたときに，都市社会学の独自の貢献が可能になるわけである．かといって後者の側面のみにとどまるならば，かつての新都市社会学からの批判を免れまい．したがって，この2つの側面の関連がより重要な課題となる．

システムと生活世界　　次に，それぞれの側面のより詳細な内容について考えてみよう．社会システム論に関するユルゲン・ハバーマスの理解にもとづくならば，都市システムには経済システムと政治行政システムの2つを区別することができる（Habermas 1981）．経済システムとは市場にもとづき，貨幣によって媒介されるサブ・システムである．経済システムは基本的に特定の地域とは無関係にグローバルに展開するが，そのグローバルな展開との関係で特定の都市の経済システムが独自の性質を帯びる場合もある．この意味で都市システムは資本主義世界経済によって規定される側面をもつ．

　他方，政治行政システムとは官僚制にもとづき，権力によって媒介されたサブ・システムである．政治行政システムは明確に区分された地理的境界を領土とする国家によって組織され，通常その内部にいくつかの自治体を含んでいる．したがって都市システムは国家ならびに地方自治体によって規定される側面をもつ．

　これらに対峙される社会的世界は，コミュニケーション的に構成される生活世界として，経済システムにはその労働力の確保を，政治行政システムにはその正統化を可能にしている．以上をまとめて示したのが，図3-2である．社会的世界の内実については，いわ

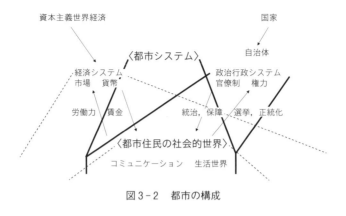

図3-2　都市の構成

ゆる都市の社会構造に相当するので，詳しくは次章で詳述すること
にしたい．

3.4　都市の分析にむけて

都市社会学とその関連領域　　最後に，都市をいかなるものとし
てとらえるかについての，ここまでの議論を整理してみよう．都市
とは，とりあえず異質で非農業的な人口が多く集積した集落と考え
ることができる．その本質は，異質なものが互いに交錯することで
生まれる革新的な創造性にある．その特質が人や物資を集めること
のできる都市の権力や支配の根拠となっているだけではなく，その
力がまた異質なものを引き寄せるのである．近代以降の都市は，資
本主義世界経済の蓄積体制の変遷にともない，都市化，郊外化，反
都市化，再都市化などの諸過程をへてきたが，それらの都市の変遷
を分析するためには，都市を2つの側面からみる必要がある．ひと
つは都市そのものの空間的制度的構成としての都市システムの視点
であり，もうひとつはそこで暮らす市民が紡ぎだす社会的世界の視
点である．都市システムは資本主義世界経済によって規定される経

済システムとしての側面と，政治行政システムとしての国家や自治体によって規定される側面とからなる．他方，コミュニケーション的に構成される人々の生活領域としての社会的世界は，経済システムと政治行政システムからなる都市システムによって規定される都市の社会構造として分析することができるだろう．

　都市社会学本来の分析対象は，この社会構造にある．コミュニティ・スタディなどのさまざまな社会調査を活用した都市の社会構造に関する分析こそが，都市社会学の真骨頂である．しかしながら，それらの社会学的な分析を都市システムとの関連で位置づけることが重要である．都市システムの探究は当然，政治経済学的なアプローチを必要とし，経済システムは経済学の，政治行政システムは行政学・政治学の知見を必要とする．また，それらが一般的な社会ではなく，都市としての何らかの空間的広がりや建造環境を対象とする限り，地理学や建築学の助けも必要であろう．都市社会学は，それら関連領域の知見との関係をふまえながら，コミュニティの社会的世界を明らかにする学的営みを意味するのである．

参照文献

鈴木栄太郎 1957『鈴木栄太郎著作集VI　都市社会学原理』未來社．

中村八朗 1973『都市コミュニティの社会学』有斐閣．

藤田弘夫 1993『都市の論理』中公新書．

矢崎武夫 1963『日本都市の社会理論』学陽書房．

Brenner, N. ed. 2014 *Implosions/Explosions : Towards a Study of Planetary Urbanization*, Jovis.

Garreau, J. 1991 *Edge City : Life on the Frontier*, Doubleday.

Habermas, J. 1981 *Theorie des kommunikativen Handelns*, Suhrkamp. 河上倫逸，M. フーブリヒト，平井俊彦訳『コミュニケイション的行為の理論（上）・（中）・（下）』未來社，1985〜87．

Klaassen, L. H., J. A. Bourdrez and J. Volmuller 1981 *Transport and Reurbanization*, Gower Publishing.

Lefebvre, H. 1968 *Le Droit à la ville*, Anthropos. 森本和夫訳『都市への権利』

　　筑摩書房，2011.

Lefebvre, H. 1970 *La Révolution urbaine*, Gallimard. 今井成美訳『都市革命』
　　晶文社，1974.

Miller, M. A. 2013 "Decentralizing Indonesian City Spaces as New 'Centers'",
　　International Journal of Urban and Regional Research 37-3.

Sombart, W. 1916 *Der moderne Kapitalismus*. 岡崎次郎訳『近世資本主義　第
　　一巻第一冊』生活社，1943.

Weber, M. 1956 "Begriff und Kategorien der Stadt", *Wirtschat und Gesellschaft*
　　4, Auflage. 余宮道徳訳「都市の概念と基礎視角」鈴木広編『都市化の社会
　　学（増補）』誠信書房，1980.

Wirth, L. 1938 "Urbanism as a Way of Life", *American Journal of Sociology* 44
　　(1). 松本康訳「生活様式としてのアーバニズム」松本康編『近代アーバニ
　　ズム』日本評論社，2011.

　　　　　　　　　　　　　　　　　　　　　　　　（玉野和志）

第4章 都市の社会構造

　前章では，都市に関する一般的な概念の理解と都市を分析する際の基本的な視点について詳述した．本章では，都市システムとの関係で展開する社会的世界をとらえるための概念として，都市の社会構造について論じてみたい．

　鈴木栄太郎は「人と機関」を対比することで，都市における「機関」概念の意義と，都市の社会構造の基本的な構成を明らかにしている．まず鈴木は，都市が「人と人との関係」と「機関と機関との関係」という二元的な構成をもっていると論じている（鈴木 1957）．ここでの用語に従えば，「人と人との関係」とは社会的世界における人々のコミュニケーション的な交流の世界を意味する．これにたいして，「機関と機関との関係」とは都市システムにおける制度的な構造を意味する．都市には「機関と機関との関係」からなるさまざまな制度的なシステムとは別に，「人と人との関係」からなる社会的世界が展開している．この二元的な構成をとらえることが重要であることを，鈴木は的確に指摘しているわけである．これこそが，まさに都市の社会構造をとらえるうえでの基本的な視点である．そのうえで，鈴木は「人と機関との関係」ならびに「機関と人との関係」についても言及している．ここが都市システムと社会的世界の関連をとらえるうえで，もっとも重要な側面ということになる．

4.1 機関と都市システム

都市の経済システム　それではまず，都市システムにおける機関の構成から確認しておきたい．都市システムが経済システムと政治行政システムから構成されている点については，すでに述べておいた（第3章3節）．経済システムは財やサービスの生産，流通，消費の過程を結びつける市場を中心に構成されている．それらは貨幣によって媒介されている．人々は企業に雇用されて働くと同時に，消費者としてさまざまな商品を市場で購入する．企業は労働者を雇用して生産活動を行い商品を販売する．商品やサービスだけでなく資金も，個人の貯蓄が銀行を通じて融通されたり，株式や投資を通じて市場で取引される．これらの市場における制度的な単位はすべて機関とよぶべきものであり，ここでの人と機関の関係や機関と人との関係は，システムとしての形式的で，一面的で，非人格的な，第二次的接触にもとづくものとなる．

　人々は経済的な機関との雇用関係によって職業に従事し，賃金を獲得し，それを生活費として，やはり経済的な諸機関から商品やサービスを購入して日々の生活を成り立たしめる．経済システムを構成する諸機関の中でも，都市との関係で重要なのは，都市の領域的な側面との関連である．一般に経済システムは特定の領域とは無関係に展開することを特徴とするが，いくつかの点で特定の都市地域と関連する場合がある．たとえば，地元商店街のように商圏が限られている場合や，電気・ガス・鉄道などの領域的な発展が収益に直結する事業の場合，あるいは特定の質をもった労働力の調達が領域的な条件によって左右される場合（安価で従順な労働者が大量に必要な製造業，特殊な金融技術や法手続きやハイテクに精通する知識と学歴をもった専門家を必要とする産業，常に革新的な創造性を必要とする文化産業などのように）である．

都市の政治行政システム　　これにたいして政治行政システムは，明確に境界づけられた空間的範域を管轄区域とする国家ならびに地方自治体の諸機関から構成されている．通常，都市とよばれる領域には単数ないし複数の自治体の領域が存在している．さらに国家の出先機関が存在していたり，国家の地域政策として各自治体への統制がなされる場合もある．

　ここでは話を簡単にするために，ひとつの都市にひとつの自治体が存在していることにしよう．代議制民主主義と法治主義の下で行政官僚制が整っている自治体において，政治行政システムは立法・行政・司法の三権分立に対応して議会・行政組織・裁判所の3つの機関から構成される．議会は選挙によって選ばれた議員によって構成され，条例を制定したり，予算や請願・陳情の審議を通して行政の執行過程を監視する役割をもつ．行政は議会での決定にもとづき，政策の策定と執行を担当する．裁判所は法にもとづいて行政の執行過程の適切さと議会の責務を明らかにする．

　このうち現実の都市生活において実質的に大きな力をもっているのは，執行機関としての行政である．近代社会の規模と複雑性が増大し，政治行政システムが高度な専門知識にもとづく官僚機構によって制御されざるをえなくなるにつれて，行政機関の役割が肥大化し，これに比べて議会や司法機関の力は，少なくとも日常的には非常に弱いものになる．社会運動が議会を通じて行政を刷新したり，裁判所に訴えて行政措置を撤回させたりすることができないわけではないが，粘り強い働きかけと多大な時間を要することが通例である．このような行政権力の肥大化の下でいかにして民主的な自治や権力の正統性を確保するかという課題は，第9章で述べる都市の権力構造論の課題となってきた．それらは政治行政システムが経済システムや市民の社会的世界とどのように関連するかという，まさに都市の社会構造の問題なのである．

4.2 ネットワーク，集団，組織，団体

社会的世界の構成　次に，社会的世界がどのような要素によって構成されているかについてみていこう．すでに述べたように，社会的世界とは人と人との関係によってコミュニケーション的に構成される生活世界を意味する．したがって，それらは人々のコミュニケーション的行為によって構成され，ネットワーク，集団，組織，団体などからなる社会構造を形成する．都市の社会構造にはいくつか重要な側面がある．ひとつは空間的な構成であり，もうひとつは都市システムを構成する諸機関との関連である．

空間的構成について注意すべき点は，空間は社会構造が展開する単なる場や入れ物ではないということである．アンリ・ルフェーブルが強調したように，人々のコミュニケーション的行為や集団，ネットワークの構成それ自体が最初から空間的なのである．したがって，都市の社会構造そのものが空間的に構成されており，この側面に注目することが重要である（Lefebvre 1974）．

都市システムとの関連　もうひとつは経済システムおよび政治行政システムとの関連である．

経済システムとの基本的な接点は雇用であり，消費面では日用品を購入するスーパーや商店街との関連が想定できる．ただし，これらの営みは単身でなされる場合もあるが，家族という基本的な集団を媒介に世帯単位でなされる場合も多い．

政治行政システムとの関連は，議会・行政・裁判所の諸機関との関連がそれぞれ想定できるが，やはりここでも日常的には行政との関連が主たるものである．行政は領域的に構成された管轄区域の下で，市民をその居住地点＝住所によって把握する．ここでもその単位としての世帯は単身の場合もあれば，家族という集団からなる場

合もある．また，ここでは住宅ないし居住空間（ハウジング）が重要な意味をもつ．国家や地方自治体によって多様な形態をとりうるが，たとえば日本においては，領域的に構成された地域住民組織が行政システムと密接な関係をもっている．領域的ではなく活動の関心に応じて組織されるボランティア・アソシエーション＝市民活動団体も，さまざまな形で行政機関との関係をもつ場合がある．

他方，空間的な変更をともなう都市政策をめぐって異議申し立てが生じた場合，政党や政治団体を通じた議会との関連は，都市社会運動と都市政治として重要な意味をもつ．ここでは司法の判断を求める行政訴訟や裁判闘争が展開する場合も多い．それらの政治過程において，やはり市民のネットワーク，集団構成，地域住民組織，市民活動団体が大きな役割を果たすことになる．また，多くの都市では出身地を同じくする人々のネットワークや民族的なつながりとしてのエスニシティが，同郷団体やエスニック集団を通じて組織され，政党組織や政治家の支持基盤として大きな影響力を保持する場合もみられる．

以上，都市に多様なかたちで空間的に展開している市民のネットワーク，集団，組織，団体の総体が都市の社会構造を構成している．そこを舞台に都市住民の社会的世界は展開している．また同時にそれは都市システムとしての経済システムと政治行政システムを構成する諸機関との間で，さまざまな接点を有しており，それらの諸機関が統合機関として，社会構造を通じて社会的世界のありように影響をもたらすのである．

都市の階層的構成　さらに重要な点は，これらの社会構造は，やはり経済システムや政治行政システムとの関連も含めて，階層的な構造を有していることである．経済システムにおいては貨幣の多寡によって，政治行政システムにおいては権力と権限の配分によって，明確なピラミッド型の序列関係がシステム化されているが，社

会構造においても，信頼や尊敬にもとづく社会的威信をめぐって階層的な序列が存在している．それらは経済システムにおける貨幣や政治行政システムにおける権力によって裏打ちされることもあれば，それらとは無関係に独自に作用する場合もある．たとえば，家族における親子関係や，地縁組織やエスニック集団における実績や人望などにもとづく上下関係である．

　都市の経済政策や都市計画をめぐる権力構造は，政治行政システムの作動をめぐる経済システムと社会構造における階層構造を前提として展開するものである．そして，それらの階層的な格差や不平等を前提としつつも，社会的世界における基本的な人権に関する集合的な信条にもとづいて，経済システムや政治行政システムのあり方が正統化されうるか否かが，都市の治安や安定度を考える上で重要であり，自治や統治の問題を構成するわけである．

4.3　コミュニティと社会的世界

　媒介項としての土地・空間　　これまでの議論をまとめたのが，図4-1である．すでに述べたように，都市社会学にとって独自の視点は社会的世界の解明にある（第3章4節）．しかしながら，その解明のみにとどまってはならない．重要なのは，人々の社会的世界のありようと都市システムとの関連を明らかにすることである．そのためには社会的世界と都市システムをつなぐ部分に注目する必要がある．そのような要の位置にあるのが，土地と空間である．土地・空間は，経済システムにおいても政治行政システムにおいても，その存立の基盤である．社会的世界にとっては社会構造の不可欠な構成要素そのものである．人々の相互行為そのものが，最初から空間的であり，空間的実践なのである．したがって土地・空間の所有，利用，管理，生産，再編，整備をめぐっては，経済システムにおける資本主義の論理と社会的世界における生活の論理が拮抗し，政治

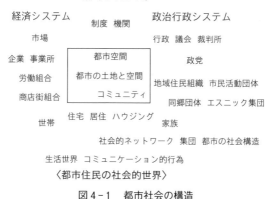

〈都市システム〉

経済システム　　　　　制度　機関　　　政治行政システム

市場　　　　　　　　　　　　　　行政　議会　裁判所

企業　事業所　　┌─────────┐　　政党
　　　　　　　　│　　都市空間　　　│
労働組合　　　　│都市の土地と空間│　地域住民組織　市民活動団体
　　　　　　　　│　コミュニティ　　│
商店街組合　　　└─────────┘　　同郷団体　エスニック集団

　　　　　　住宅　居住　ハウジング　　　　　家族
世帯

　　　　　　　　社会的ネットワーク　集団　都市の社会構造

　　生活世界　コミュニケーション的行為
〈都市住民の社会的世界〉

図 4-1　都市社会の構造

行政システムによる介入や調停が不可欠となる．それらが土地・空間をめぐる都市計画や都市政策であるならば，なおさらである．

　システム，コミュニティ，空間　　ただ同じ土地・空間といっても，都市システムの場合と社会的世界とでは若干その意味合いを異にしている．経済システムや政治行政システムにとって，空間はまさに都市空間を意味し，かなり広範囲に面的に広がっているイメージである．ところが，人々の生活世界における空間は，比較的せまい範囲にまとまっていたり，必ずしも面的な広がりではなく，いくつかの拠点をつなぐかたちでアメーバ状に構成される場合も多い．このようにシステムにとっての空間はまさに都市空間とよぶにふさわしいが，社会的世界にとっての空間はもう少し狭域でローカルなものである．そこで，後者については特にコミュニティとよぶことにしたい．コミュニティという用語は，ローカルな地域を面的にとらえて政治行政システムの最小単位とみなされることも多いが，必ずしも地理的な領域をともなわない社会的な共同性を指す場合もあるので，面的であるとは限らない空間を含むここでの用法にふさわ

しいだろう．シカゴ学派の人間生態学における用法とは異なるが，むしろ現在の都市社会学では一般的な用法であろう．この意味で，都市社会学の主たる対象はコミュニティにおける共同生活であるということもできる．

さらに，ここでいう空間には，ルフェーブルが明らかにしたように３つの側面があることを確認しておこう．ルフェーブルの言葉では「空間的実践」，「空間の表象」，「表象の空間」である．空間には物理的な空間という側面と，知覚された空間という側面，さらには想像された空間という３つの側面がある．空間は人と機関によってそれぞれに扱われ，認知され，生きられることで，相互に矛盾した弁証法的な過程のもとにある．たとえば，経済システムによって形状を変更された街路や，政治行政システムによって合併された町村が，故郷として生きられてきたコミュニティを分断するなどの出来事である．土地・空間をめぐる社会的世界と都市システムとの関連は，これら３つの側面に注意して分析されるべきである．

以上，経済システム，政治行政システム，社会的世界の３つが相互に関連する過程を，都市空間とコミュニティの物理的，認知的，想像的側面と関連づけながら分析する，都市の社会構造に関する基本的な枠組みが明らかにできたように思う．最後に，これらの枠組みにもとづいて，都市社会学が取り組むべきそれぞれの課題領域について整理しておきたい．

4.4 都市研究の課題領域

都市研究の課題領域と本書の構成 　図４-２は図４-１を簡略化したうえで，都市の領域外の諸要因との関連について付け加えたものである．これにもとづき，都市研究ないし都市社会学の各課題領域について確認してみたい．

図の中央に位置する土地・空間に関する分析が都市社会学の中核

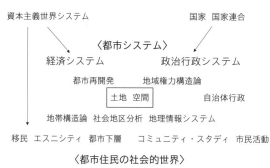

〈都市システム〉

資本主義世界システム　　　　　　　　　　　　国家　国家連合

経済システム　　　　　政治行政システム

都市再開発　　地域権力構造論

土地　空間　　　　　　自治体行政

地帯構造論　社会地区分析　地理情報システム

移民　エスニシティ　都市下層　　コミュニティ・スタディ　市民活動

〈都市住民の社会的世界〉

図4-2　都市研究の諸領域

に位置するのは，いうまでもない．したがって土地利用や空間構造そのものが，実態としてどのように記述できるかは基本的な課題となる．このような研究として，シカゴ学派以来の地帯構造論，社会地区分析，地理情報システム（GIS）などの蓄積がある．本書の第5章ではこれらの研究が紹介される．また，土地利用の形態や空間構造そのものを規定する基本的な要因として，資本主義世界経済の下での経済システムの影響が考えられる．第6章では資本の蓄積過程との関連で都市空間を分析するいくつかの理論が紹介される．

　他方，都市住民の社会的世界における営みは，それ自体としてこの土地・空間をコミュニティとして含み込むかたちで展開している．シカゴ学派が精力的に取り組んだ対象が，それである．第7章ではそれらコミュニティ・スタディの展開が紹介される．しかしながら，それらはそれ自体として論じられるだけでは十分ではない．その社会的空間的な営みを通して，経済システムや政治行政システムと連動していく側面が追究されなければならない．本書の第9章以下のすべての内容は，それぞれのテーマについて，そのような視角から論じられたものである．それに先立ち，第8章では市民活動と自治体行政との連関が，日本においてどのように展開してきたかが紹介される．

第9章と第10章では，政治行政システムとの連関を中心とした都市の権力構造や都市の経済政策の問題を論じている．第9章ではいわゆる地域権力構造論（Community Power Structure）の展開をふまえて，行政権力を中心に展開する現代都市の政治や政策の現状が確認される．第10章では，とりわけポスト・フォーディズムの時代における都市の成長戦略をめぐって展開している諸理論が紹介される．

　第11章と第12章は，グローバリゼーションのもとでの都市の展開について，第11章では途上国における議論を，第12章では先進国における世界都市の議論を中心に，その現状と課題が論じられている．

　最後に，第13章と第14章では，ポスト・フォーディズムの時代において改めてあらわになってきた都市と不平等という課題について，第13章では都市下層の問題として，第14章では移民たちの戦略として，その現状を描きだすことにしたい．

参照文献

鈴木栄太郎 1957『鈴木栄太郎著作集Ⅵ　都市社会学原理』未來社.
Lefebvre, H. 1974 *La production de l'espace*, Anthropos. 斎藤日出治訳『空間の生産』青木書店，2000.

（玉野和志）

Ⅲ

都市空間を探究する

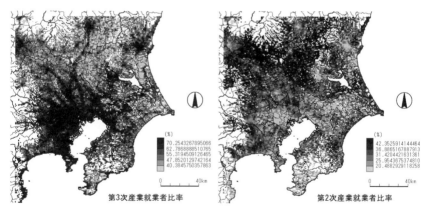

第3次産業就業者比率

(%)
70.2543267895066
62.7868888510765
55.3194509126465
47.8520129742164
40.3845750357863

0   40km

第2次産業就業者比率

(%)
42.3525914144464
36.8865167887913
31.4204421631361
25.9543675374810
20.4882929118258

0   40km

　2000年の東京大都市圏. 都心地域に集中している第3次産業就業者比率と,
茨城県南部など郊外に集中している第2次産業就業者比率を示す社会地図.
　（作成: 浅川達人）

第5章　都市空間を描く

　本章では，都市の社会・空間構造を描いた研究とその方法について紹介する.

5.1　同心円地帯理論からの展開

社会調査としての地図づくり　　都市空間を描く試みは，20世紀初頭のシカゴでその産声をあげた. シカゴはアメリカの五大湖のひとつであるミシガン湖の湖岸に発展した都市である. シカゴが法制度上の都市となったのは1837年のことであったが，その時の人口は約4000人であり小さな港町にすぎなかった. その後，1850年代に建設された大陸横断鉄道の結節点として都市化が進み，1850年の人口は約3万人，1860年には約10万人，1870年には約30万人と急増した. 1890年には100万人を超え，ニューヨークにつぐ全米第2位の都市となった.

　鉄道網は，中西部の豊かな農村地帯から農畜産物を集荷し，シカゴの加工業と商業を発展させた. 集荷された農畜産物はシカゴで加工・包装されてニューヨークなど東部の都市へと出荷された. 東部の都市をはじめ国外からも，ビジネスチャンスを求めて資本と労働力が流入した. 1890年当時，シカゴの人口の約80％は外国生まれであるか，あるいはその子孫であったといわれることから，大量の外国人がシカゴに押し寄せていたことになる. 生活習慣も母語も異

なる大量の移民たちが，限られた都市空間の中でビジネスチャンスを求め，また自らが生活する空間を求めて互いに競い合う社会．これが20世紀初頭のシカゴという都市の姿であった．

　ある人は都心を囲む工場地帯に職場を求め，通勤にかかる時間的経済的負担を最小限に抑えるために，工場地帯のすぐ外側に生活の場を求めた．また，ある人は，都心にあるオフィス街で働き，しかし生活の場は郊外に求め，友人を招いてバーベキューができるような庭付きの広い住宅を手に入れた．このような個々の住民たちの日常生活の営みによって，シカゴという都市社会は日々作り変えられていく．変化の方向とその要因を明らかにし，都市社会で暮らすということを理解するために，そして当時大きな社会問題となっていた民族問題や犯罪・非行問題などの都市問題を解くために，まず，眼前に広がる都市社会のどこで何が起こっているかを可視化する必要があり，なぜ，そのような社会現象が生じているかを考察することが必要とされた．この可視化のための道具，すなわち社会調査の方法のひとつが主題図であった．

　同心円地帯理論　「ギャングの居場所」「高級住宅街」「非行少年の住居」など，それぞれの主題に基づいて地図が描かれた．蓄積された膨大な量の主題図は，一見すると無手勝流に見える個々の人々の行動の軌跡が，社会全体を俯瞰し，その集積として眺めるならば，ある一定のパターンを示すことを教えてくれた．アーネスト・W.バージェスの同心円地帯理論は，都市の成長過程を理念的には5重の同心円の拡大過程として描き出した（図5-1）(Burgess 1925).

　一番内側にある「LOOP」と書かれている区域（I）はオフィスビルがひしめく中心業務地区（CBD: Central Business District）であった．中心業務地区を取り囲む地域には，工場も立地し，地価が高い割には住環境がよくない場所となった．そのため，この地域は土地

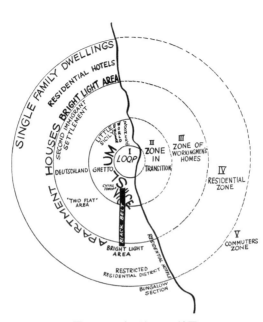

図5-1　バージェスの地図

利用が変化しやすく，推移地帯（Ⅱ）とよばれ，なかにはスラム化する地域も含まれていた．推移地帯内に立地する工場で働く労働者は，通勤にかかる時間的経済的負担を最小限に抑えるために，工場地帯のすぐ外側に居住した．労働者住宅地帯（Ⅲ）がそれである．さらにその外側には，中産階級以上の高級住宅街（Ⅳ）が広がる．最も外側には通勤者地帯（Ⅴ）が形成され，田舎に住み，都心のオフィス街で働く経済的な成功者が暮らしている．ここは，当時のアメリカ人にとって理想の生活環境なのであった．

　バージェスの地図をもう少し詳細に見てみよう．ゲットー（Ghetto）と書かれた場所のすぐ外側には，ドイチェランド（Deutschland）と書かれた場所が広がっている．ゲットーとは，貧しいユダヤ人街を指す．ゲットーで暮らしている住民のうち，ある

程度財産を蓄えることができた人々は，よりよい居住環境を求めてゲットーの外側へと移住するようになる．そのようにしてできあがったドイチェランドとは，ドイツ人気取りのユダヤ人と，成功を揶揄する命名であったわけである．

　このようにしてバージェスの同心円地帯理論は，都心からの距離に基づいて土地利用が分化していること（つまり同心円構造になること），そして都市が外側に向かって拡張する特性をもっていることを示していた．

　セクター理論　　しかしながら現実の都市社会は，バージェスが示した理念的なモデルよりも，もう少し複雑にできあがっていた．ホーマー・ホイトは 1890 年から 1936 年までのアメリカの 142 の都市の不動産原簿を用いて，高家賃住宅の時系列分析を行った（Hoyt 1939）．その結果，確かに高家賃住宅は徐々に外側に向かって移動していたものの，すべての方向に同じように拡大する（すなわち同心円を形成する）のではなく，ある一定の方向性をもって拡大しているため扇形になっていることがわかった．必ずしもすべての方向に同じように拡大するのではなく，社会・文化的要因に基づいて一定の方向性をもって扇形（セクター）に拡大することを指摘したこの理論は，セクター理論とよばれている．

　このように 20 世紀初頭のシカゴにおいて，社会調査としての地図づくりが行われ，何枚もの主題図が描かれ，その主題図を基礎資料として，都市社会の社会・空間構造を示したモデル図である同心円地帯理論とセクター理論が導き出された．これらの理論が現実の都市社会をどれだけ説明することができるかについて，どのように実証的に研究されたのだろうか．実証研究の手法のひとつである社会地区分析について，以下で説明する．

5.2 社会地区分析への展開

演繹的方法としての社会地区分析　　都市に見出される，地図として描画可能なあらゆる現象を地図化するという作業は，データの収集と分析結果の表現方法に研究者の創意工夫が活かせるという利点をもつものの，データ活用の方法が恣意的であるという批判もまた甘受せざるをえないことが多い．いつ，どこで，だれが行っても同じ結果を得ることができる，すなわち，信頼性の高い結果を得るためには，標準化された分析手法が必要である．国勢調査のデータを統計的に分析することによって，標準化された分析手法を目指す試みが20世紀中頃に登場した．社会地区分析がそれである．

　社会的に似通った人々が暮らす地域を社会地区（Social Area）とよび，それを統計的な方法を使って析出する分析手法を社会地区分析とよぶ．社会地区分析は当初，都市社会を特徴づけている大きな潮流がどのようなものであるかを考察し，それに基づいて都市の社会・空間構造を分類するという演繹的手法として出発した．

社会空間ダイアグラムに基づく社会地図　　当時の北米の都市社会は産業型社会（Industrial Society）であり，大別して3つの特性を示していると考えられていた．すなわち(a)テクノロジーの発展に伴い，専門・技術職の重要性が増大してきたこと，(b)女性が都市的就業に進出するようになり，同時に，世帯が経済的単位としての重要性を失ってきたこと，(c)移動性の増大と，その結果，人種や出生国によって居住空間が分化するようになったことであった．これらの特性はそれぞれ，社会的地位（Social Rank）特性，都市化（Urbanization）特性，居住分化（Segregation）特性と名づけられた．

　分析に当たってはまず，これらの3つの特性のそれぞれを代表する変数群を国勢調査の表章項目から選ぶ．次に，それらの変数を合

成すると，各特性は0から100の数値で表すことができるようにな
り，横軸を社会的地位特性，縦軸を都市化特性とする座標平面を設
定することができる．

　ここで，分析する都市社会の単位（表章単位）を国勢調査の統計
区とするならば，ある都市社会における全統計区は，先に設定した
座標平面に位置づけられる．さらに居住分化特性を，平均値より高
いか低いかで二分し，●と○で示し分けるとすると，座標平面内に
布置された各統計区は3つの特性に基づき分類されることとなる．
こうして得られた図を社会空間ダイアグラムとよび，この分類情報
を地図に戻すと，社会地区の地図，すなわち社会地図ができあがる．

　社会地区分析は，標準化された手法を用いて総合的な都市の社
会・空間構造の比較研究を可能にした点で評価され，この手法を用
いた研究が各地で行われた．それに加えて，社会地区分析をフィー
ルド調査と結びつけた研究をも誘発することとなった．

因子生態学　　にもかかわらず，社会地区分析はすぐに別の帰納
的研究方法論である因子生態学にとって代わられることとなった．
演繹的方法としての社会地区分析では，変数間の関係があらかじめ
仮定されていたが，この仮定の妥当性が都市間比較研究のなかで疑
問視されたからである．

　因子生態学は，都市の社会・空間構造を特徴づける要因をあらか
じめ仮定するのではなく，探索的に求めていくところにその特徴が
ある．社会・経済・人口・住宅などの幅広い変数間の関係を因子分
析により解析し，似通った変動のパターンをもった変数の集団を，
都市の社会・空間構造を特徴づける因子（要因）として抽出するこ
とから分析を開始する．因子構造が明らかにされた後は，先に述べ
た演繹的方法としての社会地区分析と同様に，表章単位を分類し，
それを地図に反映させることにより社会地図を作成する．

　この因子生態学の手法を用いた研究もまた各地で行われ，大多数

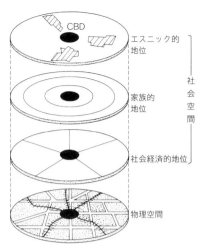

CBD

エスニック的
地位

家族的
地位

社会経済的地位

物理空間

社
会
空
間

図5-2　因子生態学による都市空間構造の理念的モデル

の都市の居住分化が第1次元である社会経済的地位，第2次元である家族的地位，第3次元であるエスニック的地位によって支配されるという，因子構造の一般的法則が示された．

　これらの次元構造は，分析に使用された変数と統計的解法を変えても，それにかかわらず安定しているとされてきた．さらに，これらの次元の空間的表現もまた，都市が変わり，国勢調査の時点が変わっても普遍的・共通的なパターンをもっているといわれてきた．それは，社会経済的地位次元がセクターパターンを示し，家族的地位次元が同心円パターンを示し，エスニック的地位次元がクラスター型のパターンを示すというものであった（図5-2）．

　そして，これらの次元が，異なったタイプの社会において異なった様式で結合することによって，多様な都市構造が生まれるとする，社会構造の発展段階論も提唱されるに至った．ただし，これらの一般法則は個々の具体的な都市に即して考えると，ウォルター・ファイアレイがボストンで行った研究が示すように，社会・文化的要因

によって大きく修正されることは言うまでもない（Firey 1945）.

　都市の社会・空間構造の一般的法則を導き出す試みに非常に大きな貢献をした因子生態学であったが，いくつかの未解決な問題をはらんだまま今日に至っている．第一に，分析に用いられた変数が国勢調査のデータに偏っており，人々のライフスタイルを測定するような変数が見過ごされがちであること，第二に，研究の対象範囲および表章単位が現実の居住分化パターンと一致しない可能性があること，第三に，少数の大きな負荷量のみによって因子を解釈すると，負荷量の小さな変数を無視することになり，因子構造の解釈が粗雑になる可能性があること，などである.

5.3　GIS（地理情報システム）の発展

　帰納的方法としての社会地区分析　　これらの問題を解決する手がかりを探りつつ，標準化された手法を用いて東京圏の社会・空間構造を描き出す試みとして，東京の社会地図研究が行われた（倉沢 1986; 倉沢・浅川 2004）.

　倉沢進・浅川達人らが行った東京の社会地図研究の第2次プロジェクトにおいては，国勢調査などのセンサスデータを使用することはもちろんであるが，第一の課題に応えるために，それに加えて社会階層の空間構成の変化を探る目的で高額納税者名簿と官報に掲載された行旅死亡人公示広告を，また外国資本投入のフロンティアを析出する目的で外資系企業総覧を，データ収集のための資料として採用した（倉沢・浅川 2004）．また，少しでもライフスタイルを捉えることを目標として，投票行動や，外出行動の記録であるパーソントリップ調査のデータも分析に加えられた.

　対象範囲は東京圏を十分に内包している範域，すなわち，1都3県に茨城県南部を加えた範囲とし，市区町村を分析・表章の単位とした．ただし，第二の課題であった表章単位が現実の居住分化のパ

ターンと一致していない可能性を検討するために，東京都 23 区については，標準地域メッシュの第 4 次メッシュ（いわゆる 500 m メッシュ）を表章単位として採用した．

第三の課題であった因子分析結果の過剰解釈を避けるために，社会地区を析出する手法としては KS 法クラスター分析が用いられた．分析・表章の単位とした小地域（市区町村，メッシュ）は，n 次元空間（n＝投入変数の数）の中の点で表現されるため，投入したすべての変数の効果が等しく考慮されることとなる．その各単位地区を，n 次元空間内における点同士の近さに基づいていくつかのまとまり――クラスター――に分類していく．その結果，同じクラスターに属する単位地区同士は類似しており，別のクラスターに分類された単位地区同士は似ていないという，単位地区の類型分類が得られる．また KS 法クラスター分析は，ある基準を設定し，それを一定のルールにしたがって改善することにより，最適解を得る方法，すなわち非階層的クラスター分析である．そのため，クラスター数の決定が分析者の主観的判断に委ねられるという，一般的に用いられる階層的クラスター分析にたいしてなされる批判は，この方法には当たらないという利点をもつ．

倉沢・浅川らが行った東京の社会地図研究は，社会空間ダイアグラムに基づく社会地図とは異なり，帰納的方法としての社会地区分析であった．この研究の知見は大別すると以下の 3 点であった．①東京 23 区に見られた東北東のブルーカラーセクターと西南西のホワイトカラーセクターというセクター構造は，東京圏に存在するブルーカラーベルトとホワイトカラーベルトの基部であることを明らかにした．②東京圏は大きくは同心円構造によって構成されており，中心に複合市街地があり，それを囲むように人口再生産地域が広がり，その周りに農山村が広がっていた．③ 1990 年という脱工業化・世界都市化が進行した東京圏を対象として分析しても，東京圏の周辺部に工業地域が分厚く堆積していた．

主題図を主体とした研究へ　　帰納法としての社会地区分析は，都市社会学のみならず地理学においても行われてきた．たとえば，村山祐司は「因子分析・クラスター分析併用の等質的地域区分法」を紹介している（村山 1998）．社会経済的特性など複数の地域属性にたいして因子分析を行い，得られた因子得点を用いてクラスター分析を行い，等質的地域を析出するという方法である．

　しかしながら，帰納法としての社会地区分析に基づき社会地図を描くという研究手法は，都市社会学においても地理学においても，広まることはなかった．地図のデジタル化に基づく一連の地図・地域データベースである地理情報システム（GIS: Geographic Information System）が発展した 1980 年代後半以降，大量の主題図を用いて都市空間に生起するさまざまな事象を描き出すという研究手法が一般的になっていった．

　富田和暁・藤井正は，日本の三大都市圏を取り上げ，その地域構造とそれに関連する諸現象を概説することを目的として，29 名の地理学の研究者の研究成果をまとめた概説書を刊行した（富田・藤井 2001）．その中で，1990・1995 年の国勢調査の地域メッシュ統計に基づき，東京大都市圏，中京大都市圏，京阪神大都市圏の構造を分析した矢野桂司は，管理的職業従事者比率，女性労働力比率，外国人比率，高齢者人口比率という複数の主題図を社会地図として用いて，三大都市圏の空間構造の比較を行っている（矢野 2001）．

　また由井義通らは，女性の就業を生活や都市空間と関連づけながら地理学的にアプローチすることを目的として『働く女性の都市空間』を発表した（由井ら 2004）．武田祐子らは，女性のパラサイト・シングルの分布を描き出すために，分母に一般世帯に住む 30 歳代前半の人口を，分子に 2 人以上の世帯に住む該当する年齢の未婚女性人口を用いて計算し，東京都内東部において女性のパラサイト・シングル率が高いことを示した．その他にも，職業，学歴，母子世帯率など大量の主題図を用いて，都市空間のジェンダー化を描き出

した（武田ら 2004）.

5.4　空間と社会の連関

格差研究への応用　　このように，GIS が発展しだれもが比較的容易に主題図を描くことができるようになった今日，都市空間に生起するさまざまな事象を大量の主題図によって描き出すという研究の蓄積が進んだ．グローバル化が進行し世界規模での競争が激化する今日，都市社会に生起した移民や都市下層の貧困と格差の問題にたいして，主題図を用いた研究によってその解決を目指す試みが，社会学，社会疫学，栄養学，地理学といった分野で行われるようになってきた．

SSM 研究など格差社会論における研究蓄積は膨大でありここではまとめきれないが，その多くが研究対象である「社会」の範囲を明確に規定しないままになされることが多かった．それにたいして橋本健二は，東京 23 区を対象とした主題図を用いた分析結果から，社会的な分極化が地域的な分化とともに生じていることを指摘した（橋本 2011）．また豊田哲也は，東京については，都心をピークとして，そこから離れるにしたがって所得水準が低下する構造が明瞭であること，しかも都心内部の所得格差が大阪・名古屋に比べて格段に大きいことを明らかにした（豊田 2007）．

格差問題は経済的な格差だけではなく，健康格差問題をも引き起こしている．「健康格差社会」という概念を初めて提起した近藤克則は，社会疫学や栄養学の分野でも，健康の地域差は住民の所得や年齢，性別，教育年数，職種といった個人レベルの因子だけでは説明できないとし，地域レベルの因子の導入の必要性を指摘している（近藤 2007）．行政界とは必ずしも一致しない現実の居住分化のパターンを析出し，個人レベルの因子をコントロールした上で地域レベルの因子が有意に影響を与えていると言えるか否かを，マルチレ

ベル分析を用いて検討する分析モデルの必要性が指摘されはじめた．この「現実の居住分化のパターンの析出」において，主題図を用いた研究および社会地区分析は，貢献できる可能性を有している．

　実際に，健康格差問題の解決に資する研究として，主題図を用いた研究が地理学・社会学の学際研究として行われはじめた．フードデザート問題研究がその一例である．フードデザート問題とは，買い物の不便化などにより食生活が悪化した住民が集住する都市の一部地域（食の砂漠：Food Deserts，以下FDsと略す）に生起している社会問題であり，生鮮食料品供給体制の崩壊と社会的弱者の集住という２つの要素が重なったときに発生する社会的弱者世帯の健康悪化問題である（岩間 2013, 2017）．岩間信之らはGISを活用してFDsマップを作成し，FDsがどこで生じているのかを解析するとともに，配票調査やインタビュー調査によって社会的要因を測定し，この問題の解決を目指して研究を続けている．

コミュニティ・スタディとのコラボレーション　　その一方で，都市の社会・空間構造の形成過程の分析と，それぞれのコミュニティの変容を連関させることによって分析する，社会地区分析とコミュニティ・スタディとのコラボレーションも行われるようになった．その嚆矢が，玉野和志・浅川達人編（2009）であった．

　そこではまず，帰納的方法としての社会地区分析に基づく社会地図研究の成果に基づいて，東京大都市圏の空間形成が論じられた．東京大都市圏が工業型社会として資本主義的な発展を遂げていく過程，すなわちフォーディズムと郊外化の時代において，地方の農村社会から大量の人々が東京大都市圏に流入した．独身の間は，職場に近接した都心地域の賃貸アパートに暮らし，結婚し世帯を形成すると郊外のマンションや戸建住宅を購入するようになる．こうして東京大都市圏が郊外へと拡張していった．それぞれのコミュニティの時間は，都市の発展の時間と家族の時間の関数として刻まれてい

った.

　ポスト・フォーディズムと世界都市の時代においては，都市の発展を支える主導的な産業が製造業から金融業やソフト開発などに変化したため，製造業の立地は京浜地区や城東地区ではなくむしろ京葉地区や北関東へと分散するようになった．その結果，京浜地区は都心のビジネス地区との結びつきを深めることとなった.

　このように，京浜地区というローカル・コミュニティにおいて生じている変化は，コミュニティ・スタディのみで解明できるわけではなく，社会地区分析で明らかになるような東京大都市圏の変化に位置づけることによって明らかにされる．そして東京大都市圏の変化は，世界規模で生じている社会変動に位置づけて解釈しなければ理解できない．社会地区分析とコミュニティ・スタディとのコラボレーションは，このような都市の歴史的展開を踏まえて行われるようになった.

注
5.1 から 5.3 は浅川（2010，2014）を加筆修正することにより執筆した.

参照文献

浅川達人 2010「社会地図と社会地区分析」浅川達人・玉野和志『現代都市とコミュニティ』放送大学教育振興会.

浅川達人 2014「社会を分析するツールとしての社会地図——都市空間の社会学」船津衛・山田真茂留・浅川達人編『21 世紀社会とは何か——「現代社会学」入門』恒星社厚生閣.

岩間信之編 2013『改訂新版　フードデザート問題——無縁社会が生む「食の砂漠」』農林統計協会.

岩間信之編 2017『都市のフードデザート問題——ソーシャル・キャピタルの低下が招く街なかの「食の砂漠」』農林統計協会.

倉沢進編 1986『東京の社会地図』東京大学出版会.

倉沢進・浅川達人編 2004『新編東京圏の社会地図 1975-90』東京大学出版会.

近藤克則編 2007『検証「健康格差社会」介護予防に向けた社会疫学的大規模

調査』医学書院.

武田祐子・神谷浩夫・中澤高志・木下禮子・若林芳樹・由井義通 2004「ジェンダー・マップ 2000」由井義通・神谷浩夫・若林芳樹・中澤高志編 2004『働く女性の都市空間』古今書院.

玉野和志・浅川達人編 2009『東京大都市圏の空間形成とコミュニティ』古今書院.

富田和暁・藤井正編 2001『図説大都市圏』古今書院.

豊田哲也 2007「社会階層分極化と都市圏の空間構造——三大都市圏における所得格差の比較分析」『日本都市社会学会年報』25.

橋本健二 2011『階級都市——格差が街を侵食する』ちくま新書.

村山祐司 1998『増補改訂地域分析——地域の見方・読み方・調べ方』古今書院.

矢野桂司 2001「三大都市圏の社会地図」富田和暁・藤井正編『図説大都市圏』古今書院.

由井義通・神谷浩夫・若林芳樹・中澤高志編 2004『働く女性の都市空間』古今書院.

Burgess, E. W. 1925 "The Growth of the City : An Introduction to a Research Project", R. E. Park, E. W. Burgess and R. D. McKenzie, *The City*, University of Chicago Press. 大道安次郎・倉田和四生訳『都市——人間生態学とコミュニティ論』鹿島出版会, 1972.

Firey, W. 1945 "Sentiment and Symbolism as Ecological Variables", *American Sociological Review* 10.

Hoyt, H. 1939 *The Structure and Growth of Residential Neighborhoods in American Cities*, Federal Housing Administration.

（浅川達人）

第6章　都市空間の理論

　都市はひとつの空間である．都市社会学をはじめ，地理学，経済学，政治学などからなる学際的な都市研究の世界では，都市という空間を捉えるための理論が，1970年代以降彫琢されてきた．この章では，その代表的な理論をたどっていこう．

6.1　資本主義と都市

マルクス主義と都市　　都市は近代より前から世界各地に存在してきた．しかし，私たちがいま知っているような巨大で高密度な姿になったのは近代以降のことである．たとえば，東京（江戸）は，近世末までは人口数十万から100万人前後であったが，明治時代の後半から人口が爆発的に増加するようになり，その後の100年で10倍以上にまで膨れあがった．

　このように都市が劇的に発展するようになった近代という時代は，資本主義によって特徴づけられる．それゆえ，都市社会学が対象とする近代以降の都市を捉えるには，資本主義の発展とどのように関連しているのかを考える視点が不可欠である．

　資本主義の発展と都市の関係について，カール・マルクスは，社会的分業の空間的な表現という視点から説明した．「一国民内部の分業はまず，農業労働からの工業労働と商業労働の分離を，またそれとともに都市と農村との分離，および両者の利害の対立を招来す

る」（Marx und Engels 1845-46, 傍点は原訳文）という一文は，資本主義の発展から都市の成立を捉えるマルクスの見方をよくあらわすものとして知られている．農業を中心とする社会で生産力が高まっていくにつれて，商工業が独自の産業となる社会的分業がみられるようになる．こうした社会的分業の発達は，商工業を主産業とする都市を，農村から分離させて成立させるきっかけとなった．このようにマルクスは近代都市を，生産力の上昇にともなう社会的分業の発展が反映された空間として捉えた．

　マルクス以降の社会科学においても，資本主義と都市の関係には，一定の関心が向けられてきた．たとえばフリードリヒ・エンゲルスは，資本主義の発展にともなう社会問題の場として大都市に注目した．ウラジミール・レーニンも，都市と農村の対立というマルクスの着想を踏まえて，農業と工業，農村と都市の発展速度が異なるという不均等発展に注目していたから，都市のありようが資本主義の発展との関連で視野に入っていたのはたしかである．

ルフェーブルと空間論的転回　　しかし，都市という空間にたいして経済面からの説明を越え出る理論的な探究は乏しかった．そうした思いから，マルクス主義の都市論を大きく書き換えようとしたのが，20世紀半ばに活躍したフランスの哲学者・社会学者のアンリ・ルフェーブルである．

　マルクス主義哲学を研究する一方，農村調査の経験も有していたルフェーブルは，1950年代後半から70年代にかけて，都市という空間に強い関心を寄せた．その背景には，戦後の経済成長のもとで都市が急成長し，それを国家が計画的に管理する動きが強くなる一方で，都市の街路で異議申し立てを行う社会運動が活発になるという，彼の故国フランスをはじめ先進資本主義諸国に共通の時代状況があった．

　都市という空間は，資本主義の発展との関連で，どのようなもの

と理解すればよいのか．ルフェーブルは，都市化した社会において，空間それ自身が生産されていることに着目した（Lefebvre 1968, 1970, 1972）．一般に，従来のマルクス主義は，「時間」を重視して「空間」を軽視しがちだったといわれる．たしかにマルクス主義は，時間の推移，つまり歴史の進歩にしたがって社会が段階的に発展するという史的唯物論をその核心に据えている．その一方で空間は，人間活動や社会の発展の「入れ物」としての位置づけしか与えられていなかった．そのように考えられてきた従来のマルクス主義にたいして，ルフェーブルは，空間は単なる容器ではなく，社会が空間のありようを生みだすものとみるべきだと，思考の転回を主張した．

　空間のありようは，経済や社会のしくみが反映されただけのものではない．資本主義社会がどのように空間を生みだし，同時に，そこで人々がどのように生き，空間をどうつくりかえようとするのか．ルフェーブルは，社会と空間が互いに作用しあうという視点を強調した．そうした思考法は「社会–空間の弁証法」とよばれる（Soja 1997）．

　ルフェーブルの主張は，1970年代以降，都市という空間を原理的に捉えようとする研究者たちを大いに刺激した．マニュエル・カステル（Castells 1977），デイヴィッド・ハーヴェイ（Harvey 1973），マーク・ゴットディナー（Gottdiener 1994），エドワード・ソジャ（Soja 1997），近年ではニール・ブレナー（Brenner 2004, 2019）はその代表例である．かれらはみな思考の出発点にルフェーブルの名を掲げている．ルフェーブルを先駆者とするこのような空間論の活性化は，社会科学の「空間論的転回」とか「空間論ルネサンス」とよばれる（吉原 1994；吉見 2003）．

　次節からは，ルフェーブル以降の都市空間をめぐる代表的な議論をたどっていくことにしよう．

6.2 労働力の再生産と都市空間

都市問題と新都市社会学　　1970 年代，それまでのシカゴ学派を中心とする都市社会学とは異なる，新しい都市社会学を標榜する研究者の一群が登場した．その代表的なひとりに，スペイン・カタロニアに生まれフランスで学んだカステルがいる．かれは初の主著『都市問題』(1984, 原著 1972 年) において，シカゴ学派の都市社会学を批判しながら，都市空間の新しい捉え方を提唱した．

　カステルの議論をみる前に，新都市社会学が登場してくる時代背景を確認しておこう．1950 年代から 70 年代前半にかけて，西ヨーロッパや北アメリカの先進資本主義諸国は，かつてない経済成長を経験した．そのもとで，重化学工業を中心に，大量生産・大量消費のフォーディズムという体制が確立された．そこにおいて先進資本主義の多くの国では，農業から工業への重心移動にともなう，農村から都市への労働人口の大移動が起こった．

　都市への過度な人口集中は，さまざまな都市問題を発生させた．住宅不足と地価の高騰は，都市に流入した労働者たちに，狭隘で高い家賃の住生活を強いた．住宅は郊外へと広がり，長時間の通勤地獄が問題化した．人口の増加にインフラストラクチャーの整備が追いつかないことによって，学校，病院，道路，上下水道，ごみ処理施設，保育所や幼稚園，公園などの不足も大きな問題となった．

　こうした都市問題の発生メカニズムを捉えようとしたカステルは，既存のシカゴ学派の都市社会学では不十分だと考えた．シカゴ学派の都市社会学者たちが描く都市は，人間生態学にみられるように，都市に集まった人々が動植物の棲み分けのように秩序を探りあいながらつくるものとして描きだされていた．都市的生活様式や都市的パーソナリティへの関心からわかるとおり，都市という環境が人間の意識や社会関係や文化に及ぼす影響は，そこで丹念に解明される．

しかし，都市の発展にともなってどのような社会的矛盾が発生し，それがどのようなメカニズムによるものなのかということには，あまり関心が向けられない．カステルは，シカゴ学派の都市の理解が，自己完結的で静態的なものであること，そして資本主義という全体社会のシステムとの関連を問わないことに原因があると考えた．シカゴ学派の都市社会学は「科学」ではない，都市問題の現実から目をそらすことにつながりかねない「イデオロギー」ではないのかとカステルは批判した（Castells 1976, 1977）．

　「都市的なもの」と集合的消費　　資本主義社会における「都市的なもの」とはなにか．カステルは，都市という空間的な単位の本質を「労働力の居住単位」であると考えた．いうまでもなく，労働は資本主義のもとで価値を生みだす源泉である．労働力は自然に生みだされるわけではない．生身の人間が労働する以上，食べて，寝て，休息をとらなければ，労働力は持続的に供給されない．次世代の労働力を再生産すること，つまり子を産み育てることも欠かせない．

　こうした労働力の再生産という視点から都市をみると，再生産に必要な物的手段が集まっていることこそが「都市的なもの」ということになる．「人間労働の成果すなわち生産物の社会的利用過程において，多くの要求たとえば住宅供給，教育，身体および知性の発達，健康などをみたすのに大量の物的手段が必要とされ，しかも必ず集合的に充足されなければならないのが特徴となっている」（Castells 1976）．つまり，住宅，道路，上下水道，学校，病院などは，都市に住む労働者によって共同で消費され，それによって労働力の再生産が可能になる．カステルはこれらを「集合的消費」とよんで，これこそが「都市的なもの」の中核に置かれるべきものだと考えた．

　労働力の再生産が資本主義の存続に不可欠であることは，マルク

ス以来たびたび指摘されてきた．ただ，寝食だけでなく，従順に労働するという意識やイデオロギーなどにも目を配って，教育や科学の役割も捉えるカステルの視点は，フランスの哲学者ルイ・アルチュセールから影響を受けたものである．このような再生産論からの集合的消費への注目は，同じフランスの都市社会学者ジャン・ロジュキーヌ（Lojkine 1976）にも共通してみられるもので，新都市社会学の基本的な視角となっている．

集合的消費と都市社会運動　集合的消費に必要なものは，自然に生まれるわけではない．個々の企業が整備するには，大規模で多額の費用がかかるものが多い．しかし，誰かが整備しなければ，再生産に重大な影響をおよぼす．再生産がうまくいかなければ，資本主義そのものの存続が危うくなる．カステルは，そこに国家が介入することが枢要だと考えた．ここでいう国家には，国（中央政府）と地方自治体（地方政府）が含まれる．

　集合的消費過程への介入は，国家に大きな財政的負担を強いる．租税収入ではまかないきれず，それゆえ国家は財政危機に陥る．そうなると，集合的消費に必要なものが充足されず，人々の不満が蓄積される．たとえば，日本では，高度経済成長期に保育所不足の解消を求める住民運動があちこちで起こった．

　このような集合的消費をめぐる集合行為を，カステルは「都市社会運動」とよび，そこに都市政治の本質があるとみた．そして都市社会運動は，労働者の階級闘争と連携することで，資本主義社会そのものを変革する可能性をもつと考えた（Castells 1977, 1978）．

宮本憲一の社会資本論　カステルの『都市問題』とほぼ同時代に，非常に近い発想から都市空間を捉えようとした日本人がいた．マルクス主義経済学者の宮本憲一である．

　1960年代，日本でも都市問題が深刻な社会問題になっていた．

近代経済学の考え方にしたがえば，都市問題はあくまでも一時的なものであって，いずれは市場メカニズムによって均衡状態に達することで解決される．しかし現実の都市問題は，均衡どころか，日々悪化の一途をたどっていた．一方，マルクス主義経済学も，都市問題を捉える道具立てに乏しかった．そう考えた宮本は，マルクスの『資本論』を読みなおすことで，都市問題を原理的に説明する「社会資本論」を独自に築いた（宮本 1967, 1980）．

　その議論を少しのぞいてみよう．人間が労働する際，土を耕すにせよ，物を製造するにせよ，道具や機械が欠かせない．それだけではない．原材料や完成品を運ぶための道路，港湾，空港，そして工業用水や工業用地など，生産活動に不可欠なものがある．それらを宮本は「社会的一般労働手段」とよんだ．他方，道路や上下水道など，労働者が個人で整備できないが生活に不可欠なものがある．これらは，人々が共同で消費活動に用いるという意味で「社会的共同消費手段」と宮本は名づけた．

　社会的一般労働手段と社会的共同消費手段が集積した空間，それが都市の経済学的な性格だと宮本は考えた．こうしたものの整備には費用がかかり，そこに国家がかかわらざるをえない．このあたりは，集合的消費過程への国家介入の不可避性というカステルの議論とよく似ていることに気づくだろう．限られた財政条件のもとでは，国家はしばしば社会的一般労働手段の整備を優先し，社会的共同消費手段の充足は後回しになる．生活インフラの整備の遅れは，社会的共同消費手段の不充足をめぐる問題であり，都市問題はこうして発生すると宮本は論じた．

　カステルと宮本は，直接的な交流があったわけではないようだ．しかし都市問題に立ちむかう学問的情熱と両国の社会科学に共通するマルクス主義の土壌が，同時代に洋の東西で非常に近い発想を生むことになったのであろう．

6.3 資本循環と都市空間

資本の第二次循環　　カステルと並ぶ新都市社会学の旗手が，イギリスの地理学者ハーヴェイである．彼は当初，計量的な手法を駆使する行動科学的な地理学者として出発したが，1960年代後半にマルクスの資本主義分析に興味をもつようになり，以後マルクス主義地理学の重要な都市理論をあいついで発表するようになった．

その出発点となった代表作『社会的正義と都市（邦題：都市と社会的不平等）』（Harvey 1973）において，ハーヴェイは，都市という空間を考えるうえで，商品としての土地のもつ特殊な性格から思考を始めている．土地は一般的な商品と違って移動できないし，朽ちてなくならず永続する．これが資本主義のもとで，資本の循環にどのように位置づけられるか．こうした着想から，マルクスが十分に検討しなかった理論的空隙に切りこんでいった．

資本の循環との関連で都市を捉えるという課題は，次の大著『資本の限界（邦題：空間編成の経済理論）』（Harvey 1982）で体系的に追究され，「資本の第二次循環」や「建造環境」の議論に結実した．同書に掲げられた図6-1は，それが要約されたものである．

ここでは資本の循環が3つに整理されている．まず「資本の第一次循環」からみていこう．労働によって商品が生まれる．労働者は商品を買って消費し，自らの労働力を再生産する．マルクスが『資本論』でまず注目したのは，価値が生まれるこの過程である．ハーヴェイはこれを「資本の第一次循環」とよぶ（Harvey 1985）（図の中段）．

第一次循環は深刻な矛盾をはらんでいる．資本家どうしは商品の価格をめぐって競争する．競争が激しくなると，価格を下げるためにもうけを減らしたり（利潤率の低下），消費に追いつかないほど作りすぎたり（過剰生産），生産設備を増強しすぎて使いきれなくなっ

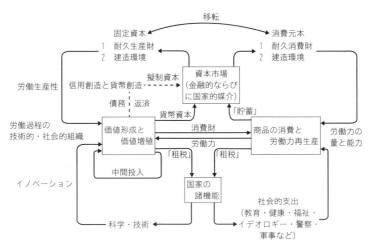

図 6-1　資本の第一・第二・第三次循環の間の関係構造

出所）Harvey 1985 訳書

たりする（遊休資本の増大）．これらは企業倒産や失業者の増大につ
ながりかねず，恐慌（過剰生産恐慌）を招きかねない．実際，1929
年の世界大恐慌はそうして発生したものだった．

　そのため，第一次循環で過剰になった資本をどこかに逃がす必要
が生じてくる．そこで，第一次循環とは異なる回路が必要になる．
それが「資本の第二次循環」である．第二次循環は，「固定資本」
と「消費元本」が形成される資本の流れを指す．固定資本とは，生
産を補助するものをいい，ハーヴェイは「生産過程に囲い込まれた
固定資本」（たとえば工場の機械などの耐久生産財）と「生産の物的枠組
みとして機能する固定資本」（工場の建屋や道路など）とに分ける．他
方，消費元本とは，消費過程を補助するために必要なものを意味す
るが，これは「消費過程に囲い込まれた消費元本」（コンロや洗濯機
などの耐久消費財）と「消費の物的枠組みとして機能する消費元本」
（家屋や歩道など）とに分けられる．このうち，工場や道路などの

「生産の物的枠組みとして機能する固定資本」と，家屋や歩道などの「消費の物的枠組みとして機能する消費元本」は，それぞれ生産と消費のための「建造環境」とよばれる．つまり，資本の第一次循環であふれた資本を，こうした建造環境に投資するという流れが「資本の第二次循環」だというわけである（Harvey 1985）（図の上段）．

このように，ハーヴェイにとって都市空間とは建造環境であり，資本の第二次循環が資本主義社会における都市空間の生産を説明する原理となっている．なお，残るもうひとつの「第三次循環」とは，生産性を上げるために必要な科学技術への投資，労働力の再生産にかかわって，労働者の能力を高める「教育と健康への投資」，そして労働者を従順に働かせるための「イデオロギー的・軍事的その他の手段による労働力のとりこみ・統合・抑圧への投資」を指す（Harvey 1985）（図の下段）．

建造環境と空間的固定／回避　建造環境にはいくつかの特殊な性格がある（Harvey 1985）．まず，ふつう建造環境は大規模であり，整備には多額の費用がかかる．また，「多くの場合すべての資本家の共同利用に開かれている」．たとえば，工業団地から港まで道路が造られれば，そこにあるどの企業も利用できる．しかし企業は道路を造る費用を負担したくないから，「個々の資本家がそのなすがままに放置すれば，生産のため共同に必要なものが過少供給におちいることになりがち」である．さらに，「建造環境のいくつかの品目は——たとえば交通網——は生産にも消費にも共通に機能し，その品目は用途の変化に応じて一方の範疇から他方の範疇に移行しうる」．たとえば，工場に原材料を運搬するトラックが走る道路は「生産のための建造環境」にあたる．他方，消費者が歩く歩道は「消費のための建造環境」である．つまり，道路というひとつの建造環境は，生産過程でも消費過程でも機能する．

このような建造環境のもつ特殊な性格から，その整備には国家の

役割が不可欠であるという特徴が導かれる．投資費用の大きさからいっても，金融機関と並んで国家の果たす役割が重要になるとハーヴェイは指摘している．

　こうして金融市場や国家に助力されながら，過剰資本を建造環境への投資に振り向けることによって，資本主義がはらむ矛盾は先送りされ，一時的にせよ恐慌は回避される．このように過剰資本を，ある空間へと移すことで恐慌を回避する方策を，ハーヴェイは「空間的固定／回避」とよんでいる．

　その実例としてハーヴェイが念頭に置いているのが，戦後アメリカの郊外化とモータリゼーションである（Harvey 1973, ch. 6, 1985, ch. 8 など）．自動車の消費が頭打ちになると，都心から郊外へのハイウェイが建設されて，自家用車の新たな需要が喚起される．郊外に住宅が建設され，さまざまな内需も生まれる．こうした郊外空間の創出という空間的固定／回避は，戦後日本でもみられたものである．

6.4　ポスト・フォーディズムの都市空間

　ポスト・フォーディズムの時代　　ハーヴェイが「資本の第二次循環」や「建造環境」という概念で捉えようとしたのは，今からみれば，フォーディズムの時代の都市空間であったといえる．2 節でみたカステルの集合的消費をめぐる議論や宮本の社会資本論も，やはりそうした時代を背景に構想されたものであったといえよう．

　フォーディズムの時代の都市とは，大量生産された安価な商品を大量消費する労働者大衆が，都市の郊外に住むことを特徴とする（第 1 章参照）．都市が外部（郊外）へと空間的に広がることで，資本主義の拡大再生産が持続し，矛盾の蓄積が緩和され危機が先送りされる．それは市場メカニズムによるだけではなく，国家が政策的に積極的に介入することで実現された．こうした資本主義のメカニズムを捉えるために，ハーヴェイは資本の第二次循環に注目し，建造

環境への投資による空間的固定／回避を説明しようとしたというわけである.

　しかし，こうしたフォーディズムの体制は，1970年代に入ってまもなく危機に直面した．フォーディズムを支えていたのは，安価な石油を膨大に使用する大量生産と大量消費，それを可能にする国際環境を支える超大国アメリカの覇権，そしてアメリカの覇権と豊かさを背景に成立していた，ドルという通貨を基軸とする国際金融体制（ブレトンウッズ体制）である．そのいずれもが1970年代前半に破綻したのである.

　1970年代初頭，アメリカは折からのベトナム戦争の泥沼によって財政赤字がかさんで，それまでの通貨体制を維持できなくなり，金とドルの交換を停止して，ブレトンウッズ体制は終わりを告げた（1971年）．また，第四次中東戦争によって，世界的な石油の不足と価格高騰に見舞われることになった（1973年）．前者は時の大統領の名から「ニクソンショック」，後者は「オイルショック（石油危機）」とよばれる．このふたつの「ショック」によって，フォーディズムの時代は幕を下ろさざるをえなくなった.

　この資本主義の一大危機を乗り越えるために，資本や国家はさまざまな戦略をとり，そこから出現してきた新たな体制は「ポスト・フォーディズム」とよばれる.

　時間・空間の圧縮と都市空間　　ハーヴェイは，フォーディズムの終焉とポスト・フォーディズムの時代の到来が空間のありようそのものの変化と密接な関係があると主張している．『ポストモダニティの条件』（Harvey 1990）での議論をのぞいてみよう.

　そもそも資本主義は，マルクスによれば「時間による空間の絶滅」という特徴をもっている．交通手段や通信手段によって，空間的な隔たりが克服され，交換や流通に必要な費用は時間だけになるというわけである．こうした事態は，高性能のコンピュータと高速

大容量の通信回線がもたらす情報技術（IT）革命によって，加速することになる．ハーヴェイは，ヒト・モノ・カネが移動するのに要する時間が大幅に縮小し，時間と空間の関係が変化する「時間・空間の圧縮」が，ポスト・フォーディズムの時代の資本主義においてカギになると考えた．

このようななかで，ハーヴェイは，ポスト・フォーディズムの特徴が「フレキシブル（柔軟）な蓄積」にあるとみる．大量生産の画一的な商品よりも，少量多品種の多彩な商品が求められるようになる．それに伴って，商品を生産するための労働も，かつてのような画一的なものから「フレキシブルな」ものへと変わっていく．

では，ポスト・フォーディズムの時代の都市空間は，ハーヴェイの議論から，どのようなものと理解できるだろうか．時間・空間の圧縮は，建造環境の重要性を揺るがす．対面的なやりとりは電子的なコミュニケーションで代替される．生産の場は必ずしも都市になくてもよくなる．だが，ハーヴェイはそうした見方を退ける．「しかしながら，空間的障壁の崩壊は空間の重要性の低下を意味するものではない．……空間的障壁を減らすことは，ごくわずかな空間的差異をも効果的に搾取する権力を資本家たちに与えるものであるために，危機的な局面での競争の激化によって，資本家たちは相対的な立地上の利点に，より敏感にならざるをえない．つまり，労働供給，資源，インフラストラクチャーなどの点で空間がもっているわずかな差異がしだいに，より重要な意味を持つようになるのである」(Harvey 1990)．

ポスト・フォーディズムのもとで，都市が互いに資本の立地を求めて都市間競争に向かうようになるが，そうしたなかにあって，都市という空間は，他の空間にない強みをもつ場として，あらためて重要になるというわけである．空間の差異が薄らぐなかで，資本家（企業）は条件のよりよい立地を求めて動きまわる．都市がもつ伝統技術，高度な人材，好適な環境は，そうした資本を引きつけるカ

ギになる．時間・空間の圧縮によって，空間（都市や地域）ごとの差
異の意味が薄れると同時に重要になるというのが，ポスト・フォー
ディズムの時代の都市空間の特徴というわけであるが，裏を返せば，
ポスト・フォーディズムの時代の都市は，そうした自らの強みを積
極的にアピールし，都市間競争に打ち勝っていくことが求められる
場でもある。このような都市のあり方を，ハーヴェイは「都市企業
家主義」と名づけた（Harvey 1989）（第10章参照）．

6.5 21世紀の都市空間の理論を求めて

　21世紀初頭の今日，都市という空間の意味があらためて問われ
ている．たとえば，2011年秋に始まったアメリカ・ニューヨーク
の「ウォールストリート占拠運動」では，資本主義がグローバルに
展開されるようになるなか，富の偏在と不平等の拡大が著しくなっ
ていることにたいして，多くの市民が異議を申し立てた．日本でも，
東日本大震災にともなう原発事故のあと，各地の原発の再稼動をめ
ざす政府にたいする大規模な抗議デモが，東京都心でくりかえし行
われてきている．

　ハーヴェイ（Harvey 2012）は，ウォールストリートの運動が，ル
フェーブルのいう「都市への権利」（Lefebvre 1968）を求めるもので
あるとして，その意義を高く評価している．都市空間の生産が資本
主義の存続にとって不可欠なものであるという，本章でみてきた彼
の議論を思い起こせば，資本主義のありように異議を申し立てる空
間がその都市空間の中心に出現し，都市空間を資本の手から人々が
取り戻そうとしていることを評価する彼の立場はよく理解できるだ
ろう．

　本章でみてきた都市空間の諸理論は，いずれもその時代の都市の
現実を捉えたいという思いから生まれてきた．資本主義と国家がひ
とつの転換期にさしかかっている今日，都市の現実を見据えた新し

い都市空間の理論の登場が待たれるところである.

参照文献

宮本憲一 1967『社会資本論』有斐閣.

宮本憲一 1980『都市経済論——共同生活条件の政治経済学』筑摩書房.

吉原直樹 1994『都市空間の社会理論——ニュー・アーバン・ソシオロジーの射程』東京大学出版会.

吉見俊哉 2003「グローバル化と脱–配置（ディスロケート）される空間」『カルチュラル・ターン，文化の政治学へ』人文書院.

Brenner, N. 2004 *New State Spaces : Urban Governance and the Rescaling of Statehood*, Oxford University Press.

Brenner, N. 2019 *New Urban Spaces : Urban Theory and the Scale Question*, Oxford University Press.

Castells, M. 1976 "Theory and Ideology in Urban Sociology", C. G. Pickvance (ed.), *Urban Sociology : Critical Essays*, Tavistock Publications. 吉原直樹訳「都市社会学における理論とイデオロギー」山田操・吉原直樹・鰺坂学訳『都市社会学——新しい理論的展望』恒星社厚生閣，1982.

Castells, M. 1977 *La Question Urbaine*, F. Maspero. 山田操訳『都市問題——科学的理論と分析』恒星社厚生閣，1984.

Castells, M. 1978 *City, Class and Power*, St. Martin's Press. 石川淳志監訳『都市・階級・権力』法政大学出版局，1989.

Gottdiener, M, 1994 *The Social Production of Urban Space*, 2nd ed., University of Texas Press.

Harvey, D. 1973 *Social Justice and the City,* Edward Arnold. 竹内啓一・松本正美訳『都市と社会的不平等』日本ブリタニカ，1980.

Harvey, D. 1982 *The Limits to Capital*, Basil Blackwell. 松石勝彦・水岡不二雄他訳『空間編成の経済理論——資本の限界(上)・(下)』大明堂，1989-90.

Harvey, D. 1985 *The Urbanization of Capital : Studies in the History and Theory of Capitalist Urbanization*, Basil Blackwell. 水岡不二雄監訳『都市の資本論——都市空間形成の歴史と理論』青木書店，1991.

Harvey, D. 1989 "From Managerialism to Entrepreneurialism : The Transformation of Urban Governance in Late Capitalism", *Geografiska Anterieur*, Series B : *Human Geography* 71(1). 廣松悟訳「都市管理者主義から都市企業家主義へ——後期資本主義における都市統治の変容」『空間・社会・地理思想』2, 1997.

Harvey, D. 1990 *The Condition of Postmodernity*, Basil Blackwell. 吉原直樹監
訳『ポストモダニティの条件』青木書店, 1999.

Harvey, D. 2012 *Rebel Cities : From the Right to the City to the Urban
Revolution,* Verso. 森田成也・大屋定晴・中村好孝・新井大輔訳『反乱す
る都市——資本のアーバナイゼーションと都市の再創造』作品社, 2013.

Lefebvre, H. 1968 *Le Droit à la ville*, Anthropos. 森本和夫訳『都市への権利』
筑摩書房, 2011.

Lefebvre, H. 1970 *La Révolution urbaine*, Gallimard. 今井成美訳『都市革命』
晶文社, 1974.

Lefebvre, H. 1972 *Espace et politique*, Anthropos. 今井成美訳『空間と政治』晶
文社, 1975.

Lefebvre, H. 1974 *La production de l'espace*, Anthropos. 斎藤日出治訳『空間の
生産』青木書店, 2000.

Lojkine, J. 1976 "Contribution to a Marxist Theory of Capitalist Urbanization",
C. G. Pickvance (ed.), *Urban Sociology : Critical Essays*, Tavistock
Publications. 山田操訳「資本主義的都市化に関するマルクス主義理論の寄
与」山田操・吉原直樹・鰺坂学訳『都市社会学——新しい理論的展望』
恒星社厚生閣, 1982.

Marx, K. und F. Engels 1845-46 *Die Deutsche Ideologie*. 廣松渉編訳『ドイツ・
イデオロギー』岩波書店, 2002.

Soja, E. W. 1997 *Postmodern Geographies : The Reassertion of Space in Critical
Social Theory,* Rawat Publications. 加藤政洋他訳『ポストモダン地理学
——批判的社会理論における空間の位相』青土社, 2003.

（丸山真央）

Ⅳ

都市コミュニティを探究する

　韓国の釜山で，アートを使ったまちづくりで一大観光地となった甘川文化村と呼ばれる地域．朝鮮戦争の際に難を逃れてきた人々が住みついた急峻な傾斜地のコミュニティで，通常の再開発が困難なところから，このような試みが行われた．（撮影：玉野和志）

第7章　都市コミュニティの探究

　本章では，都市社会学における代表的な事例研究＝モノグラフを
紹介しながらコミュニティ・スタディの変遷について論じる．まず，
大都市インナーエリアにおけるいくつかのモノグラフ研究を紹介し，
次に，大都市郊外の比較的安定したコミュニティにおけるモノグラ
フを，さらに都心地区における再開発やジェントリフィケーション
などを扱ったモノグラフへ，という変遷を順に追っていく．これら
の変遷は，帝国主義と都市化，フォーディズムと郊外化，ポスト・
フォーディズムと世界都市の時代にそれぞれ対応している．

7.1　都市社会学におけるコミュニティ研究

　都市コミュニティ研究の始まり　　まず，都市化の時代における
代表的なモノグラフ作品から紹介していこう．コミュニティ研究は，
戦前におけるアメリカの地方産業都市の調査から始まった．アメリ
カ中西部，インディアナ州の企業城下町マンシー市を対象にしたリ
ンド夫妻の『ミドルタウン』(Lynd and Lynd 1929) は，地方都市を
丸ごと把握することで，都市全体の地域構成と階級構成に注意を促
した．一方，大都市シカゴには，大量の移民が流入し，貧困・民族
問題・犯罪などの都市問題が噴出していた．そのなかで，シカゴの
ホームレスの集住地区を描いたネルス・アンダーソンの『ホーボ
ー』(1923)，ルイス・ワースの『ゲットー』(1928)，ハーヴェイ・

W. ゾーボーの『ゴールド・コーストとスラム』(Zorbaugh 1929) などが執筆された.

　こうしたモノグラフを総括し，理論化を試みたワース (Wirth 1938) によれば，都市への人口集中は，個人をバラバラにしてしまい，コミュニティが失われるとした (社会解体論). ワースは，人口規模が大きければ大きいほど，密度が高ければ高いほど，また異質性が大きければ大きいほど，都市に特徴的な生活様式が促進されるとした (「生活様式としてのアーバニズム」論).

　　郊外化以後の研究の流れ　　第二次世界大戦後，郊外への人口移動が大規模化していくなかで，社会学者の目線は，次第に戦後の郊外社会へと移っていった. ウィリアム・H. ホワイト『組織のなかの人間』やデイヴィッド・リースマン『孤独な群衆』に代表される郊外論は，郊外住宅地で生み出される濃密な社会関係に注目した. その結果として，彼らは「インナーシティ (大都市の都心周辺地域)」という特殊な空間に注視したワースが提唱した「社会解体論」を批判していくことになる.

　また，ワースの「生活様式としてのアーバニズム」論と，それを応用した郊外の生活様式論を批判したのが，ハーバード・J. ガンズ (Gans 1962b) であった. 彼は，『都市の村人たち』(Gans 1962a) において，シカゴ学派都市社会学によって社会解体論的な状況を指摘されていたインナーシティのなかにも，濃密なコミュニティがあることを見出していく. 後に，バリー・ウェルマン (Wellman 1979) が，初期シカゴ学派都市社会学を「コミュニティ解体論」としたのにたいして，ガンズを「コミュニティ存続論」と位置づけたのは，そのためである.

　本章の最後に焦点を当てるニール・スミスは，ガンズが直面したインナーシティの都市再開発・ジェントリフィケーションを資本の都心回帰として位置づけながら，それを，富者が貧者にたいして

「報復」していると主張する.

7.2　インナーシティのコミュニティ形成

シカゴのニア・ノース・サイド　　1920 年代ごろから, アメリカ第 2 位の大都市であるシカゴで, 都市社会学者によるコミュニティ研究が蓄積されていく. シカゴの典型的なインナーシティである「ニア・ノース・サイド」の人口は 19 世紀末から急激に増大し, 調査時点で 8 万人を超えている. 素通りする人の目には繁華街が並ぶだけの地区だった. だが, 一歩足を踏み入れれば巨大都市ならではの多様性がすぐ目に止まった. 区域の西端, 川沿いの低湿地には製造工場が密集し, 貧民層が居住していた (スラム). 一方, 区域の東端, ミシガン湖を見下ろす地域には, 古くからの名望家住宅地と, 新興のビジネスマンや上流階層が滞在するホテル群が立ち並ぶ (ゴールド・コースト).

調査を行ったのは, 1925 年ころ, この地域の慈善団体に出入りしていたゾーボーであった. 彼は徐々に, 慈善団体の限界に気づき始める. 慈善事業は, それを受けるスラムの人々のライフスタイルを踏まえたものではなかった. このこと自体が, お互いがお互いを疎遠に感じる「社会的距離」の表れだと思われた. ニア・ノースは, 最も多様性の高い地区だ. 富める「ゴールド・コースト」と貧しい「リトル・ヘル」は「物理的距離」は近いが, 「社会的距離」は遠い. 彼は, 路地や地区の実地見聞を行いながら, 納税額や犯罪率のデータをマッピングした. また, この地域を取り上げた新聞記事を集めながら, 住民から情報を得ていった.

ゴールド・コーストとリトル・ヘル　　繁華街から東側の丘へ登ると, 湖を見下ろす高級住宅地が広がっている. ここが「ゴールド・コースト」だ. 湖沿いのハイウェイで, 自動車は郊外へと走っ

て出て行く．このハイウェイに向いて，有閑の貴婦人や紳士が暮らす一戸建てとともに，弁護士や財閥トップが住まうアパート式の高級ホテルが立ち並ぶ．ゴールド・コーストでは社交界が確立している．誰もが，自分たちを「上流階級」と見なし，これにふさわしい振る舞いをしなければならない．

　慈善活動を受ける人たちは，繁華街から西へ歩いていったところに暮らしている．イタリアのシチリア出身者がつくるコロニー「リトル・ヘル」である．労働基盤は，母村の農村と異なり，男性中心の工場労働の上に成り立っていた．

　ニア・ノースでは，こうした対照的な暮らしの人々が共存している．では，この地域の暮らしを，「コミュニティ」として組織化することはできたのだろうか．ゾーボーによれば，そうした試みは失敗に終わった．「伝統的なタイプのコミュニティ・オーガニゼーションが失敗に終わった理由を説明する上でいっそう重要なのは，その地域内の多様な地域集団間に，社会的距離の障壁——理解の欠如とそれをめぐって生じた感情的態度——が存在することである」．「「コミュニティ」における組織化の努力すべてに，恩着せの要素が強く見られた．リトル・ヘルの人々は，これを早々に感じ取った．……というのも，ゴールド・コーストの女性の多くは，スラムに立ち入るのを不快であると感じ，スラムの女性たちは，レイク・ショア・ドライブ［湖岸のハイウェイ］の大邸宅に招待されると，恩を着せられているように感じたからである」(Zorbaugh 1929)．

コミュニティは形成されたのか　ゾーボーは「ある地域は，そこに多数の人々と制度が配置されること［だけ］ではコミュニティになりえない」と述べる．たしかに，各集団ではコミュニティは存在しているが，ニア・ノース全体のコミュニティ委員会は機能していないというのが彼の主張である．ここに単一のコミュニティが形成されていると認めることは不可能だった．その要因として，複数

の集団が，それぞれのやり方で互いを認識していることによる齟齬があった，とゾーボーは指摘する．

　ゾーボーは複数の階級やエスニック集団を取り上げたが，残念ながら，階級やエスニック集団が形成・維持されるメカニズムを明らかにできなかった．また，階級をまたいだコミュニティという概念を相対化したが，各々の階級やエスニック集団の紐帯を明らかにすることはできなかった．

　ボストンのコーナーヴィル　　ゾーボーの本作やワースの『ゲットー』(1928) を，結果的に批判するものとして，ウィリアム・F.ホワイトの『ストリート・コーナー・ソサエティ』(Whyte 1943) がある．1930 年代，アメリカ東部の大都市ボストン・ノースエンドにあるコーナーヴィル．そこは，イタリア系アメリカ人の「ヤクザの顔役たちや悪徳政治家たちの，貧家と犯罪の，そして破壊的信念と活動の温床」と見なされていた (Whyte 1943)．たしかに，「外部の中産階級の人たちには，スラム街が手におえないほど混乱した場所，すなわち社会的な混沌地帯と映る」のであった．

　だが，「内部の人間からみれば，コーナーヴィルはすぐれて組織的で統合された社会システムが存在している」とホワイトはいう (Whyte 1943)．そして，「コーナーヴィルの抱える問題というのは，組織化されていないということではなく，それ自身の社会的組織を，コーナーヴィルをとりまく社会組織へと調和させることに失敗している」ことだと，彼は主張した．つまり，そこでは「コミュニティ」が崩壊しているのでは決してなく，ギャング団，賭博集団，警察組織，政治組織が衝突しながらも「コミュニティ」が形成されていたのである．このモノグラフは，「コミュニティ衰退（社会解体）」の実例として「スラム」をとらえたワースやゾーボーのモノグラフへの痛烈な批判となった．

7.3　郊外神話の幕開け

　シカゴ郊外のパーク・フォレスト　　戦後の郊外コミュニティを
描いたモノグラフとして，ウイリアム・H. ホワイトの『組織のな
かの人間』（Whyte 1956）がある．パーク・フォレストは，イリノイ
州シカゴから南へ 50 km 行ったところにある大規模郊外住宅地で，
1948 年に入居が始まった．ショッピング・センターの周りに庭付
きの賃貸アパートが，その周辺には標準化されたランチハウスが建
築されている．この郊外住宅地は「子持ちで，転任の見込みがあり，
快適な生活にひかれ，さして多額の金はもたない兵役を退いた膨大
な数の若者のために建設された」（Whyte 1956）．ここは，戦後アメ
リカにおいて，最も初期に，最も計画的に建設されたニュータウン
のひとつといわれる．

　ホワイトの関心は，組織に献身する「オーガニゼーション・マン
（組織人）」にあった．郊外住民は，夫・妻ともに若く，ミドルクラ
スの高学歴な白人である．大学関係者，専門職，大会社社員，軍の
大尉や少佐，航空会社パイロット，FBI の人間など，ほとんど全種
の「組織人」が入植してきた．彼／女ら仮住まい族は，他人との親
しいつながりや安定を求めている．彼らは，故郷（ホーム）から離
れた現在の家（ホーム）を，わが家（ホーム）としなければならなか
った．郊外住民は世間に同調し，他からも真似られた．そのため，
生活様式が急速に画一化していった．これが「郊外的生活様式」で
ある．

　人々は「階級がない」ことを望んだが，「階級なし」で生きてい
くには，処世術を身につけなければならない．彼／女らはランチハ
ウスの様式，自動乾燥機，テレビセットなどを周囲に合わせた．し
かし，彼／女らが同調的なのは，臆病だからではなく，宗教的な倫
理観と，共同体的な感情からであるとホワイトは述べる．大都市の

郊外住宅地において，居住者が同質的な階級によって構成され，ここに自然的というよりは強迫的にコミュニティが形成，維持されていることを指摘した．

ライフスタイルを決めるもの　　本作は社会学者を大きく刺激した．郊外が急成長した 1950 年代後半，ホワイトらが提示した「郊外神話」をめぐって多くの調査が行われた．それらは，ライフスタイルを決定するのは「階級」なのか「地域」なのかという論争に発展したのである．

　マンハッタンから 40 km 東へ行ったところに，レビットタウンという大規模郊外住宅地がある．三浦展（1999）がいうように，レビットタウンの開発者であるウィリアム・レビットは，第二次世界大戦後に，ヘンリー・フォード方式で住宅を大量に供給し，その町をつくりあげた（自動車の生産ラインとは逆に，作業員が次々と住宅を移り渡り，工程をこなすのである）．アメリカの中流サラリーマン家庭の大量消費型のライフスタイルを象徴したのが，このレビットタウンであった（三浦 1999）．だが，注意しなければならないのは，郊外住宅地がこのようなライフスタイルを産み出したわけでは，必ずしもないということだ．

　ガンズは，「生活様式としてのアーバニズムとサバーバニズム」のなかで，レビットタウンを調査し，都市と郊外のライフスタイルの違いは，郊外居住とは関係なく，階級とライフステージによって決まるとしたのである（Gans 1962b）．クロード・フィッシャーの『都市的体験』（Fischer 1976）によれば，ガンズの都市社会研究の立場は「社会構成理論」とよばれるものである．ワースに代表される 20 世紀初頭のシカゴ学派都市社会学の「生態学決定理論」は，人口学的特徴（都市の人口規模・密度・異質性）から「都市の生活様式」を解明してきた．しかし，ガンズはそれを真っ向から批判する．ガンズは，「中心都市」と「郊外」の間にある生活様式の違いは，

住民の階級とライフステージによって決まるという立場をとったのである.

7.4　インナーシティの再開発

ボストンのウェストエンド　　ガンズは, その地域社会を構成する者の階級やライフステージに着目するという「社会構成理論」の立場から, 「郊外神話」を批判していった. そして, 『都市の村人たち』(Gans 1962a) で, 都市再開発によるインナーシティの再編過程を明らかにした.「都市の村」には, 製造工場が密集し, 貧民層が居住していた. ガンズのいう「都市の村」とは, 移民が彼らの非都市的な制度や文化を都市環境に適応させようとする地区である. そこに, この「都市の村」を「浄化する」再開発計画が持ち上がったのだ. ガンズは 1957 年から半年間, この計画の対象となったボストンのウェストエンドで参与観察を行った. 前述のように, ガンズは, 「中心都市」と「郊外」の間にあるライフスタイルの違いは, 生態学的特徴とはまったく異なる, 住民の階級とライフステージによって決まるという立場をとる. ウェストエンド住民の 4 割はイタリア系アメリカ人で, 多くは労働者階級であり, 彼らはいつ解雇されるかわからない苦しい状況にあった.

　ボストンは貧しい都市になった. 比較的裕福な中産階級や基幹産業が, インナーシティから郊外へと転出してしまったことによって, 税金のかかる施設だけが過剰に供給されるようになったのである. そして, 自治体の財源になりにくい低所得層の住民が住む地域だけが, インナーシティにとり残されてしまったのだ. だからこそ, 市当局者たちは, 新しい再開発団地が, 民間・公的資本の投資意欲を増大させると信じていた.

コミュニティの解体　　「都市の村人たち」の強固なコミュニテ

ィは，ガンズの期待とは裏腹に，都市再開発によってあっけなく解体される．なぜか．労働者階級が多数を占めるウェストエンド住民が，再開発の手続きを十分に理解できなかったからだ．計画案が住宅局，市議会，市長，住宅委員会，金融機関などの間を往復する過程を，彼らは理解できなかった．連邦住宅機関が，事業着工の最終的な承認を与えたときに，ほとんどのウェストエンド住民は，この手続きが最終段階であることを理解していなかった．彼らは，市当局や新聞からの情報にも疎かった．市の機関は，住民がこの手続きを理解していると想定して，十分に説明をしなかった．一方，住民は，地域が取り壊される時期などについて，歪められた事実や友人・隣人からの噂を信じていた．しかし，これらの予想や噂は間違いであった．彼らは「自分たちの通りは取り壊されない」と確信しており，手遅れになるまで再開発にたいする抗議をしなかったのだ．

　ガンズは，開発により利益を得るはずの住民のニーズを考慮していないと再開発計画を批判する．地域住民のために最新の建物に建て替えられ，従前の社会構造が維持される場合にのみ，都市再開発は正当化されるのだとガンズは主張する．

　前述のように，ウェルマンによれば，シカゴ学派都市社会学は「コミュニティ解体論」とよべる．すなわち，産業的・官僚制的分業が，近隣や親族の親密な関係を衰退させたとする．一方，ガンズの本作は「コミュニティ存続論」というべきものだ．つまり，「近隣や親族の連帯は，産業的・官僚制的社会システムにおいても依然として力強く繁茂している」という主張である（Wellman 1979）．しかし，「コミュニティ存続論」と位置づけられた本作で描かれた村人たちのコミュニティが，あっさりと解体されたことには，十分留意するべきである．

7.5 ジェントリフィケーションと貧者への「報復」

ジェントリフィケーションの進行　ガンズは，スラムの再開発に対抗しうるかもしれないコミュニティを探し当てると同時に，再開発にたいしてはそのコミュニティが脆かったことも描き出した．その反面，コミュニティ内部の権力関係や外部の階級・エスニック集団の作用をとらえ逃している．

　デイヴィッド・ハーヴェイに師事したニール・スミスは，マルクス主義の立場からジェントリフィケーションを批判した．スミスのいう「ジェントリフィケーション」とは，資本の都心回帰であり，インナーシティを新たに商品化する運動である．地代の安価なインナーシティに文化的装飾をほどこし，それを高値で売り払う．差額の地代は，土地所有者・金融業者・不動産業者の懐に入る．問題は，家賃の高騰が，そこに住んでいた居住者の立ち退きや排除を引き起こすことである．

　ガンズ（Gans 1962a）が描いたように，アメリカのインナーシティからは，製造業などの既存産業や高所得者がどんどんと流出していった．それゆえ，1970〜80年代のアメリカでは，都市中心部が衰退していく「インナーシティ問題」が顕在化していった．ところが，1970年代ごろから，インナーシティは最先端のライフスタイルが繰り広げられる舞台へと変えられていく．このようなジェントリフィケーションは，都市再編の実現を居住面から支える不可欠の要因となりつつあった．

　さらに，1980年代以降，先進資本主義社会の多くの都市経済が，製造業職の劇的喪失やそれに並行する生産者サービス業と専門職雇用の増大，そして FIRE 雇用（金融・保険・不動産）の膨張を経験する．かつて中心市街地の飛び地に孤立させられていたホームレスは，この都市再編によって都市外縁へと追いやられつつあった（Smith

1996).

たしかに，サスキア・サッセン（Sassen 2001）がいうように，ジェントリフィケーションは新しい展開ではない．しかし，それまでと異なるのは，その規模の大きさ，商業インフラが生まれる範囲である．ホワイトが描いたように，中産階級の消費では，新しい郊外住居やそれに関連するインフラの設備に重点が置かれていた．だが，新しい消費における特徴は，機能性・低価格・郊外ではなく，スタイル・高価格・超都会的であることだ．

さらに，大量消費といっても，価格とデザイン・ファッション重視であるため，以前の大量消費よりは数は限られている．そこには，こうした文化に 24 時間ひたっている高所得層の専門職だけでなく，学生から所得の低い秘書まで，わずかしかこうした文化を享受できないような「短期滞在者」もいる．他方で，貧困も目新しくはない．新しいのはその厳しさであり，高度先進国のホームレスの数は今までにないくらい増えていった（Sassen 2001）．

反ジェントリフィケーションの動きと排除　　1988 年，ニューヨーク市は，ジェントリフィケーションを後押しするために，公園を統制下におき，飼いならす方法を探っていた．これにたいし，反ジェントリフィケーションの抗議者，パンクス，活動家，公園居住者，アーティスト，酔っ払い，住民が警官と対峙し，暴動を起こした．ニューヨーク市ロワー・イーストサイドは，階級闘争の最前線となったのだ．公園を寝床とする排除された人々の数は，一晩あたり平均 300 人．その 4 分の 3 は男性であり，主流はアフリカ系アメリカ人だったが，多くの白人，ラティーノ，ネイティブアメリカン，カリブ系の人々もいた．1989 年，ホームレスは公園から排除され，所有物や小屋は撤去された．

マイノリティや労働者階級，女性や環境保護運動家，ゲイやレズビアンや移民，都市下層は，インナーシティを「不当にも盗みとっ

ているのだ」と糾弾され，排除・立ち退きを迫られる．スミスは，このようなジェントリフィケーションを正当化する空間を「報復都市」とよぶ．都市下層からの反撃を恐れる支配階級は，彼らを締め出す「ゲーテッド・コミュニティ」を生み出していく．

7.6　コミュニティへの視座の変遷

シカゴ学派の視座　　以上の変遷をふまえて，最後にコミュニティ研究における視座の転換について整理しておきたい．20世紀初頭のインナーシティを探索したシカゴ学派都市社会学は，ゾーボーが「社会的距離」を注視したように，都市コミュニティの内部過程を描くことに専念した．シカゴ学派都市社会学は，都市をひとつの生態系と見なし，生存競争によって起こる集中・向心・凝離・侵入・遷移などの過程から空間構造を探究する生態学的なコミュニティ論であった．そこでは，産業化・官僚制化していく都市のなかでコミュニティ形成が困難であることが描写されていった．

　彼らが描いたような社会解体論的なコミュニティ観は，後に疑問が呈されていく．郊外においてコミュニティは存続するか，解体するかという「郊外神話」論争の先駆けがホワイトであったといえるだろう．ホワイトは，郊外住宅地に過剰ともいえるコミュニティが繁茂することを描き出した．

　一方，ガンズは，インナーシティや郊外住宅地のモノグラフを描きながら，シカゴ学派都市社会学，とりわけワースの「生活様式としてのアーバニズム論」を批判していった．すなわち，ライフスタイルを決定するのは，地域や人口学的な特徴（人口量・密度・異質性）ではなく，階級とライフステージであることを強調した．シカゴ大学で学んだガンズによって，シカゴ学派都市社会学のコミュニティ研究は問い直されていく．

マルクス主義の視座　　しかし，シカゴ学派都市社会学に決定的な批判を加えたのは，マルクス主義者のマニュエル・カステルであり，ハーヴェイであった．彼らが批判したのは，シカゴ学派都市社会学のフィールドワークにもとづくコミュニティ・スタディが，国家や政治・経済体制の存在を等閑視したことだった。つまり，都市を資本主義の生産システムや投機のメカニズムから独立した存在として扱うなど，都市をめぐる全体性の認識を手放しているというのだ（町村 2008）．

郊外住宅地開発，ジェントリフィケーションにたいしては，都市をめぐる資本の流れをとらえ続けてきたマルクス主義者の研究が展開していった．ガンズが十分にとらえなかった都市再開発の投機のメカニズムに踏み込んだスミスの研究は，この点で評価される．

このように，都市社会学者がコミュニティ・スタディに取り組む際は，その地域の人口量・密度・異質性だけではなく，階級やライフステージ，さらには国家や政治・経済体制に，常に着目するべきである．

参照文献

田中研之輔 2012「都市サブカルチャーズ論再考」『法政大学キャリアデザイン学部紀要』9．

中野正大・宝月誠編 2003『シカゴ学派の社会学』世界思想社．

町村敬志 2008「新都市社会学の問題意識——資本主義と都市」高橋勇悦監修，菊池美代志・江上渉編『21世紀の都市社会学 改訂版』学文社．

三浦展 1999『「家族」と「幸福」の戦後史——郊外の夢と現実』講談社．

Fischer, C. S. 1975 "Toward a Subcultural Theory of Urbanism", *American Journal of Sociology* 80. 奥田道大・広田康生編訳「アーバニズムのサブカルチャー理論に向けて」『都市の理論のために』多賀出版，1983．

Fischer, C. S. 1976 *The Urban Experience*, Harcourt Brace & Jovanovich. 松本康・前田尚子訳『都市的体験——都市生活の社会心理学』未來社，1996．

Gans, H. J. 1962a *The Urban Villagers : Group and Class in the Life of Italian-Americans*, The Free Press of Glencoe. ; Updated and expanded ed. 1982,

The Free Press. 松本康訳『都市の村人たち——イタリア系アメリカ人の階級文化と都市再開発』ハーベスト社，2006.

Gans, H. J. 1962b "Urbanism and Suburbanism as Ways of Life : A Re-evaluation of Definitions", A. M. Rose (ed.), *Human Behavior and Social Processes : An Interactionist Approach*, Routledg & Kegan Paul. 松本康訳「生活様式としてのアーバニズムとサバーバニズム」森岡清志編『都市空間と都市コミュニティ』日本評論社，2012.

Lynd, R. S. and H. M. Lynd 1929 *Middletown : A Study in Contemporary American Culture*, Harcourt, Brace. 中村八朗訳『ミドゥルタウン』青木書店，1990.

Sassen, S. 2001 *The Global City : New York, London, Tokyo*, 2nd ed., Princeton University Press. 伊豫谷登士翁監訳，大井由紀・高橋華生子訳『グローバル・シティ——ニューヨーク・ロンドン・東京から世界を読む』筑摩書房，2008.

Smith, N. 1996 *The New Urban Frontier : Gentrification and the Revanchist City*, Routledge. 原口剛訳『ジェントリフィケーションと報復都市——新たなる都市のフロンティア』ミネルヴァ書房，2014.

Wellman, B. 1979 "The Community Question : The Intimate Networks of East Yorkers", *American Journal of Sociology* 84(5). 野沢慎司・立山徳子訳「コミュニティ問題——イースト・ヨーク住民の親密なネットワーク」『リーディングス ネットワーク論——家族・コミュニティ・社会関係資本』勁草書房，2006.

Whyte, W. F. [1943] 1993, *Street Corner Society*, 4th ed., University of Chicago Press. 奥田道大・有里典三訳『ストリート・コーナー・ソサエティ』有斐閣，2000.

Whyte, W. H. Jr. 1956 *The Organization Man*, Simon and Schuster. 岡部慶三・藤永保訳『組織のなかの人間(上)・(下)』東京創元社，1959.

Wirth, L. 1938 "Urbanism as a Way of Life" *American Journal of Sociology* 44(1). 高橋勇悦訳「生活様式としてのアーバニズム」鈴木広編『都市化の社会学』誠信書房，1978.

Zorbaugh, H. W. 1929 *The Gold Coast and the Slum : A Sociological Study of Chicago's Near North Side*, University of Chicago Press. 吉原直樹・桑原司・奥田憲昭・高橋早苗訳『ゴールド・コーストとスラム』ハーベスト社，1997.

（林浩一郎）

第8章　都市と市民

　前章ではコミュニティの社会的世界を描いてきた，これまでの都市社会学の諸成果について紹介した．本章ではもう少し視野を広げて，それらのコミュニティが都市の政治行政システムとの関連で，どのように位置づけられるかについて検討してみたい．

8.1　都市と市民生活

市民生活と政治行政システム　　　都市の政治行政システムとは，いうまでもなく都市をその領域として含んでいる地方自治体の組織を意味する．現実には，都市が複数の自治体によって構成されている場合もあれば，逆に自治体のごく一部が都市であるにすぎない場合もある．ここでは話を単純にするために，ひとつの都市がひとつの自治体に対応していることを想定しておく．

　都市はさまざまな人々から構成されていて，前章で詳しくみたように，それぞれのコミュニティがときとして階層や民族を同じくする人々によって共同的に生きられることで，強固な凝集性をもつ場合もある．しかしながら，社会的世界やコミュニティは，一般的にはゆるやかな関係を維持しながらも，世帯や家族を中心として個々別々にそれぞれの生活が営まれ，個人によって生きられている．それゆえ必ずしも面的な凝集性をともなわず，場所のネットワークとして認知されていたり，想起されている場合も多い．通常，特に共

通・共同の問題が生じない限り，人々はあまり他人には干渉せずに生活するのが，むしろ都市生活の基調になっている．ところが，何か問題が生じた際には——災害時や治安の悪化，迷惑施設の建設など——市民として何らかの役割を果たし，互いに関わり合う必要が出てくる．

生活協力と共同防衛　このような都市の市民生活をとらえるために，鈴木栄太郎が集落社会の基本的機能として論じたことを取りあげてみたい（鈴木 1957）．鈴木は人々が空間的に集まって暮らす理由＝集落の基本的機能には，「生活協力」と「共同防衛」の2つがあるという．生活協力とは文字通り，生活を成り立たしめるにあたって互いに協力することである．われわれは生計を維持するために会社に入って同僚とともに働き，顧客に財やサービスを提供することで賃金を得ている．生活に必要なものを貨幣で購入するのも，他人との協力関係のひとつである．まだ学校に通わなければならない子どもを養育し，家族として家事を分担したり，老親の介護を行うのも生活上の協力関係である．それらの営みの便宜のために，人々は比較的近接した空間において集落を形成し，生活を営むのである．都市には人々の生活協力のための集団やネットワークが空間的にまとまって存在するだけでなく，経済システムを形成する諸機関が存在している．

ただし，生活協力の場合，それらのネットワークは近接しつつも，どこまでも広がる可能性があり，事実，現在では経済システムによって媒介される商品は，グローバルに広がった生産分業体制によって提供されている．つまり集落社会の基本的機能ではあっても，生活協力には空間的な境界を限定する必要は必ずしもないのである．

これにたいして共同防衛は，このような生活上の協力関係を円滑に維持するために，外敵の侵入，犯罪などの内的な秩序破壊，災害の危険などから集落を守るために，人々が共同でこれに対処するこ

とをいう．共同防衛は生活協力とは異なり，一定の空間的境界内に存在するあらゆる人々が共同しない限り，その実現が不可能な機能である．火事が起こっているのに，自分には関係ないから消火作業を手伝わないという人を許すことはできないし，犯罪者はどこから出てくるかわからないので，すべての人を疑わざるをえないという事情がある．したがって，共同防衛機能を実現するためには，主として技術的な理由から，空間的な範囲を限ってこれに対処せざるをえないのである．現代社会においては究極的な共同防衛機能は，軍隊と警察機能を有する国家によって担われている．地方自治体もこれを分担しており，いわゆる政治行政システムの基本的な役割が，共同防衛なのである．

市民生活と共同防衛　したがって，都市における人々の生活は，日常的には生活上の協力関係を，各自の責任において自由に展開している．同時に，いざというときの共同防衛に関する諸問題に関しては，国家や自治体の法規や指示に従うなり，関係者が一致団結して自分たちでこれを解決したり，しかるべき機関に解決を要請したりする必要が出てくるのである．

ここでは，主に市民としての共同防衛機能に関する都市住民の関わり合いや集団・団体形成，さらには政治行政システムとの関連について論じてみたい．それらは当然，都市社会運動や都市政治とも関係してくるが，政治的意思決定の変更をともなう権力や政治という側面については次章以降にゆずるとして，ここでは主に行政の執行過程にたいする市民の参加や要請という側面に，とりあえず話を限定しておきたい．

8.2　行政と市民団体

共同防衛をめぐる行政と市民活動　都市において行政の役割は，

この共同防衛の機能にある．だからといって，それは警察機能に限られるわけではない．経済政策も，失業対策も，福祉政策，教育行政も，すべては地域社会の安寧＝安心・安全のためである．それが行政のもつ公共的な役割である．人々は日々の生活協力における関係の維持には高い関心を示すが，それらの関係そのものを維持するための，公共的な活動には十分関心を払う余裕がない．そこで税金という会費を払って公務員を雇い，その行政官僚機構にもっぱら地域社会の共同防衛機能を果たすことを委託している．

　しかしながら民主主義社会においては，あくまで主権者は市民なので，選挙で議員を選出し，議会を通じて行政を監視したり，直接行政機関の長としての首長を選挙で選ぶわけである．また，必要に応じて裁判所に訴えて，行政措置の是非を争うこともできる．ここまでは，すでに第4章で述べた社会的世界と政治行政システムとの一般的な関係である．本章では，行政と都市の社会構造との関係をより詳細にみていくことにしよう．

　都市の市民は，その社会構造においてさまざまな組織や団体を形成している．それらは多くの場合，何らかの生活協力のためのボランティア・アソシエーションであることが多い．しかしながらある程度市民活動がさかんになり，市民の団体形成も広くみられるようになると，必ずしも生活協力だけではない，共同防衛的な機能に関心を示す市民団体も生まれるようになる．それらの先駆的なものとしては，労働組合や協同組合，共済団体などがある．それらはある意味で公共的な団体と目的を同じくするところがあるので，政治行政システムと早くから連動してきたところがある．

　しかしながらその歴史的経緯はさまざまで，労働組合が政党と結びつき，議会を通じてその法的地位を確保していった国もあれば，政党の台頭をおそれた国家の行政機関が組合の結成を阻んだり，自ら労働組合の組織や制度を設立していった場合もある．後で述べる日本の自治会・町内会組織は，この時期に組織された特殊な市民団

体で，別途検討が必要であるが，ここではそのような時期よりも後に成立し，やはり単純な生活協力ではなく，公的な目的を掲げる市民活動団体を主として念頭においておきたい．

つまり，市民活動団体の中には，行政との間に何らかの連携が成り立ちうるものが存在する．その場合，共通の関心をもつ人々が自らの目的を果たすために自発的に活動しているという点では変わらないが，一部の人々による純粋な趣味愛好的活動とは違って，その活動目的に一定程度公共的な要素が含まれている．このような市民団体と行政が何らかの協働を行うという方式が，ポスト・フォーディズムの段階での新自由主義的な政策の浸透とともに，内外で顕著になってきている．まず，このような都市政策や行政のあり方の変遷を簡単にふりかえっておこう．

行政と市民活動──ガバメントからガバナンスへ　本書で採用している時期区分にしたがえば，帝国主義と都市化の時代においては，自由競争にもとづく原始的な資本蓄積のために，行政は極力市民社会に介入しないという方針がとられた．この時期に組織された市民団体がまさに労働組合や生活協同組合で，資本との闘争によって自らの生活を守り，政党を通して労働者の権利を拡張することが目的であった．もちろんすでに述べたように，国によっては資本蓄積を早めるために，むしろ政府が労働組合を弾圧したり，強く規制する場合もあった．いずれにせよ，市民社会での財やサービスの供給は経済システムにおける資本主義市場に委ねられていて，行政の役割は文字通り夜警国家としての最低限の秩序維持にとどまっていた．

ところが，労働運動の成果もあって成立したフォーディズムの時代における福祉国家の段階では，市場に加えて行政が積極的に財やサービスを提供するようになる．これにともない国家行政機構の規模も増大し，国民の税負担も大きくなる．行政サービスの拡大によ

って，立法，司法にたいして行政権力の肥大化が指摘されるようになる．フォーディズムの下で資本蓄積が順調に進んでいる間は，それにともなって税収も右肩上がりに推移していたため，行政サービスと行政機構の拡大は問題とならなかった．ところが，やがてポスト・フォーディズムの下でケインズ政策の実施と福祉国家の維持が財政面から危機に陥るようになると，行政サービスと市民との関係が転換していくことになる．

　アメリカでは「納税者の反乱」とよばれる，高額納税者が福祉政策による貧困層の救済に反対する動きが生まれた．1980年代に入ってアメリカではレーガン政権が，イギリスではサッチャー政権が，大幅な減税と福祉政策の切り捨てという新自由主義的な政策を打ちだすようになる．都市政策という点では，それまで主に政府が提供していた行政サービスがカットされていく．公的なサービス提供がなくなっても，そのようなサービスを必要とする人々がいなくなるわけではない．このような隙間を埋めるかたちで展開してくるのが，公的なサービス提供に自発的な関心を示す市民活動団体の台頭である．このような市民団体の形成とそれにたいする政治行政システムにおける法的な対応は，やはり国や地域によってさまざまである．アメリカでは免税措置を受けたNPOの台頭というかたちでクリントン政権の基盤を形成することになるし（寺田 1993, 1998），イギリスではブレア政権におけるコンパクト（政府と市民団体との間の協定）の制定によるサードセクターの活用，ならびにチャリティの復興というかたちをとる（玉野 2008）．日本においては次節以降に詳述する通りである．

　いわば市場の失敗と政府の失敗をへて，改めて市場に任せることを基調としつつも，公的なサービスをいかにして確保するかという点で，行政と市民活動との関係をどう再編するかが都市政策におけるひとつの争点になってくる．それはもはやかつてのように単純な政府の政策（ガバメント）の問題としてではなく，多様な統治の形態

（ガバナンス）の問題としてとらえられるべきものである．このような動きは世界的に多様な形態をとって展開しているが，それらとの異同を考える意味でも，主として日本の都市におけるガバナンスの展開を詳しく紹介することにしよう．

8.3　町内会と市民活動団体

　労働組合と町内会　　資本主義が最初に発展したイギリスでは，労働組合や生活協同組合が労働者の生活を守るために組織され，徐々に法的にも認められ，やがては労働党を介して政治行政システムにも組み込まれるようになっていった．これにたいしてドイツなどの後発資本主義国では，徐々に台頭してきた労働運動をいち早く規制すると同時に，むしろ政府の側から労働組合を包摂するかたちで行政システムへの組み込みがなされていった．他方，戦前までの日本では，労働運動はきびしく弾圧されただけでなく，いっさいの組織化を禁じられ，労働者組織として政治行政システムに組み込まれることはなかった．また，都市の地域組織という点でも，イギリスやドイツでは労働者政党が大きな役割を果たし，アメリカでは民族集団ごとに有力者が地域ボスとして君臨し，選挙の際の集票装置として機能するマシーン政治が機能していた（Greenstone and Peterson 1976）．

　このように欧米先進国においては，伝統的に市民社会を行政権力が直接包摂することは少なく（この点ではドイツがいくぶん例外である），労働組合などは政党を介して議会とのルートを模索することが多かった．地域組織もその多くは政党と結びついていた．ところが日本の場合，労働組合は弾圧され，職場における労働者の包摂は会社が子飼の労働者を直接育成する家族主義的経営によって行われた（間 1964）．他方，都市の地域組織が政党と結びつくことで議会の勢力が強まることをおそれた行政官僚機構は，早くから自治体行政の末

端に地域組織を組み込むことに意を砕いてきた．自由民権運動との対抗で成立した明治地方自治制における行政区の設置と，その代表者たる区長および区長代理を行政組織の長の下に置いたのがその嚆矢である（大石 1990）．

こうしていったんは村落の社会的リーダー層を行政の末端に位置づけることに成功したが，この体制は都市化の進行にともない徐々に村落部でも崩れていく．都市部においてはもともと不安定なものであったが，労働運動の台頭と弾圧をへて，やがて本来ならば労働組合に組織されたであろう人々が，都市のコミュニティを単位に「町」の会を結成していくことになる．戦時体制における必要もあって，やがてこれらの「町」会が行政によって勧奨・整備されていったのが，現在にいたる自治会・町内会である（玉野 1993）．

つまり，欧米では労働組合や政党の地域組織が結成されていった時代と同じ時期に，日本では町内会が特殊な市民団体として台頭し，いち早く行政システムに組み込まれていったのである．欧米先進国では，ポスト・フォーディズムの時代になってようやく本格的に試みられていく都市における行政システムと市民団体の連携が，日本では戦前からの歴史をもち，かつ日本の占領政策の影響もあって，東アジアや東南アジアでも早くから活用されてきたのである．現在の国際政治学の理論では，政府の機能とパフォーマンスは民主主義的な政治参加の制度的整備だけではなく，行政の統治能力のいかんによっても左右されるものであり，この両方の側面を含めて評価すべきと考えられるようになっている（Norris 2012）．

しかしながら，それらの行政参加はあくまで政治的意思決定への関与とは異なるので，ともすれば権威主義的な大衆動員になりかねない．戦後の日本や東アジア・東南アジアでの活用が，開発主義国家や開発独裁と特徴づけられてきたのは，そのような意味である．自治会・町内会の位置づけやその後のコミュニティ政策においても，この点は常に問題とされてきた．戦前，戦時体制の下で「部落会町

内会」として隣組組織を支えた自治会・町内会は，戦後GHQの占領政策の下で戦争に協力した封建遺制としてその結成・組織化が禁止される．しかしながら実際にはかたちを変えて組織自体は維持されたようで（吉原1989），サンフランシスコ講和条約によって禁止令が解除されると，公然と復活を果たすことになる．それでもしばらくは行政組織もこれを公然と受け入れるわけにいかなかったため，自治会・町内会は行政区域に応じた連合会を組織し，日頃から行政に協力しつつ，常にその立場の公認を求めていたが，あくまで任意団体のひとつとして扱われてきた．

　市民活動団体の台頭　　ところが，経済の高度成長をへて都市化が進むにつれて，徐々に自治会・町内会の力が弱まってくると，逆に市民活動団体の台頭が日本でもみられるようになっていく．とりわけ大都市部における自治会・町内会の組織率の低下と市民活動団体の台頭を受けて，1970年代にはいわゆるコミュニティ政策が展開する．これはコミュニティ・センター（コミセン）とよばれる集会施設を建設するとともに，この施設の管理を地域住民に任せようという政策である．この政策の主旨としては従来の自治会・町内会だけではなく，広く市民団体の参加を促し，住民の自治意識を高めようというねらいがあったが，施設管理の負担を積極的に受け入れたのは自治会・町内会の関係者だけであった．一般の市民団体はコミセンを利用するにとどまり，結局コミュニティ組織は自治会・町内会を中心に運営されていく結果になったところが多かった．しかしながら，この時期のコミュニティ政策によって自治会・町内会は政治行政システムの中に確固とした地位を築き，他方，市民活動団体はさらにそのすそ野を広げることになったと評価できるだろう．

　このようなボランティアにもとづく市民活動の台頭は，1995年の阪神・淡路大震災を契機に大きな注目を集めるようになる．90年代以降になると，新自由主義的な政策も徐々に浸透するようにな

り，行政も改めて自治会・町内会に加えて市民活動団体との連携を模索するようになる．他方，アメリカにおいて免税措置を勝ち取ったNPOの活躍に刺激されるかたちで，日本でもいわゆる「NPO法（特定非営利活動促進法）」が議員立法で制定され，従来のコミュニティ政策とは異なった政治行政システムとの連携が模索されていく．同時に，公共施設の管理・運営を民間団体に委託する指定管理者制度をはじめ，行政サービスをどんどん民営化していく政策が，イギリスなどのニュー・パブリック・マネジメントの手法を取り入れるかたちで進められている．

とりわけ，1990年代に推進された地方分権改革にともなう市町村合併以降は，国がフォーディズムの時代における一律の補助を見直し，ポスト・フォーディズムの時代に応じた自助努力を求めて，交付金を削減するようになる．そのため多くの自治体が，財政危機を理由に，行政サービスの見直しと市民との協働による効率化を模索するようになる．同時に，大都市部では郊外地区も含めて，改めて自治会・町内会の組織率が低下してきており，市民活動団体やNPOを含めた市民と行政の協働が，コミュニティ政策のみならず，都市政策全般の課題になりつつある．

8.4　自治と協働のまちづくりへ

改めて求められる分権と民主的な自治　　以上のような大まかな経緯をへて，現在，日本の都市はポスト・フォーディズムの時代における世界的に共通な課題を抱えているといってよいだろう．都市の政治行政システムと市民活動団体の関係は，すでにごく簡単にみたように，欧米先進国，途上国，日本で，それぞれその歴史的経緯のいかんによって経路依存的に異なっているが，直面している課題は同じなのである．それは，資本主義世界市場において流通しうる商品を常に革新的・創造的に生みだして持続的な成長を維持するこ

と，それを可能にするクリエイティブな労働力の再生産を財政的な制約の下で実現していくこと，そのために必要な公的サービス供給という課題を行政と市民が自治的・協働的に解決していくことである．

　たとえば，アメリカの都市ではIT技術を駆使した市民参加のワークショップが，特定街区の再開発計画の決定をめぐって行われたり，イギリスでは困難地区を指定して中央政府が地方政府との間に公共サービス提供に関する協定（Local Area Agreement）を結び，市民団体との協働を促進する地域戦略パートナーシップ（Local Strategic Partnership）の制度が導入されたりしている（玉野 2008）．

　日本では，戦前の部落会町内会の整備に，戦後のコミュニティ政策をへて現在，行政と市民の協働というかたちで，都市における政治行政システムと市民活動団体との関係の3度目の再編が課題となっている．これまでどちらかといえば行政の下請的な機能を自治会・町内会が中心に引き受けながら，公的なサービス提供への協力と動員がはかられてきた行政と市民の関係が，一方における財政的な制約による行政サービスの低下と，他方における自治会・町内会の高齢化と市民活動団体の台頭をふまえて，改めて組み換えられるべき時期にきているのである．

　諸外国では労働運動と政党の地域組織に結実していった大衆民主化の胎動が，日本では労働運動の弾圧と天皇制国家の官僚機構による戦時動員によって，部落会町内会の整備へと水路づけられることになった．このような特殊な歴史的経緯にもとづいて，これまで維持されてきた地域住民組織の行政への包摂も，自治会・町内会の担い手層の高齢化によって，もはやそのままでは通用しないものになりつつある．台頭した市民活動団体が自発的に行政に協力していくためには，単なる執行過程への参加だけではなく，自分たちで自分たちのコミュニティのあり方を決定できる政治的意思決定への参加や，行政の裁量権への関与も含めた自治と協働のまちづくりが求め

られる.

　都市社会学は前章でみたコミュニティ・スタディの蓄積にもとづきながらも，コミュニティにおける社会的世界の解明にとどまらず，政治行政システムとの接点に注目しなければならない．そう考えるならば，これまでのすぐれたモノグラフのいずれもが，この点について独自の知見を提供してきたことが，改めて理解できるだろう．

参照文献
大石嘉一郎 1990『近代日本の地方自治』東京大学出版会.
鈴木栄太郎 1957『鈴木栄太郎著作集Ⅵ　都市社会学原理』未來社.
玉野和志 1993『近代日本の都市化と町内会の成立』行人社.
玉野和志 2008「コミュニティ政策の課題――英国パートナーシップ政策との
　　　比較から」日本地方自治学会編『地方自治叢書20　合意形成と地方自治』
　　　敬文堂.
寺田良一 1993「アメリカの環境運動，地域再生のボランティアリズムと非営
　　　利団体（NPO）制度」『地域社会研究』3.
寺田良一 1998「アメリカにおける草の根環境 NPO の形成と展開」『地域社会
　　　研究』8.
間　宏 1964『日本労務管理史研究』ダイヤモンド社.
吉原直樹 1989『戦後改革と地域住民組織』ミネルヴァ書房.
Greenstone, J. D. and P. E. Peterson 1976 *Race and Authority in Urban Politics*,
　　　Phoenix edition, University of Chicago Press.
Norris, P. 2012 *Making Democratic Governance Work : The Impact of Regimes
　　　on Prosperity, Welfare and Peace*, Cambridge University Press.

（玉野和志）

V

都市の政治と権力

東京都議会議事堂前の広場. 丹下健三設計の都庁舎には, ヨーロッパの都市に倣って中央に広場がある. しかし, 多くの人にとってはこの反対側にある壮大な都庁舎の建物の方がなじみがあるだろう. 日本における行政権力の優越を示しているかのようである. (提供: PIXTA)

第9章　都市の権力構造

　前章では，主として行政システムと市民との関係についての議論を提示した．行政の執行過程への参加は，あくまで政治的な意思決定にもとづく裁量の範囲内で許されることである．それを越えるためには，議会での決定を必要とするか，それを変更することが求められる．それはすなわち政治行政システムと市民との関係という政治過程の問題である．行政の執行過程が大規模化し，専門的に複雑化した現代においては，議会での意思決定への関与だけでは，市民による民主的な自治の実現や執行権力の正統化がむずかしくなっている．行政の執行過程そのものにも，その裁量の範囲内での市民の関与が制度化されなければならない．公共的共同的な課題にたいして，これをどうするかという意思決定の過程への参加だけでなく，決定したことを実現する執行過程への参加も含めて，民主的自治の実現と権力の正統化が図られなければならないわけである．

　本章では，そのような権力や支配をめぐる現代的な課題が明らかにされていった過程を，地域権力構造論（Community Power Structure）の成果をふりかえることで，明らかにしてみたい．

9.1　自治と権力

　都市の持続的発展と市民生活　　ポスト・フォーディズムの時代における都市政策には，2つの側面がある．ひとつは都市の持続的

な成長を可能にするための成長戦略という側面であり，もうひとつは都市に暮らす市民の生活をやはり持続的に再生産することである．都市の成長も市民の生活のためであり，市民がいてはじめて都市の成長もあるので，これらは同じことではあるが，都市の成長のために生産基盤の整備を行うことと，市民生活のための基盤整備やサービス提供を行うこととはやはり区別して考える必要がある．前者は帝国主義と都市化の時代という資本主義の原始的な蓄積が行われた時期と，現在のポスト・フォーディズムの段階で強調されている側面であり，後者はフォーディズムの時代に労働力の再生産と集合的消費の課題として強調された側面である．

　グローバル化が進んだポスト・フォーディズムの段階にある現代においては，世界中の都市が資本主義世界経済の中での相対的に優位な地位を求めて，互いに激しく競争をしている．このような都市間競争を勝ち抜くには，港湾や空港，鉄道，地下鉄，高速道路，高速通信網などのインフラだけではなく，高層ビルが建ち並ぶビジネス街や工業団地の整備を行う必要がある．それと同時に，そこで働く優秀な技術者や専門家，堅実な労働者などを育成し，ひきつける魅力をもった教育機関やショッピングモールなどの商業文化施設，手頃な値段で供給される住宅などが整えられていなければならない．

　このような都市空間の整備は経済システムにおける市場によって供給される場合もあるが，その多くは都市計画や都市政策にもとづいて政治行政システムによって整備される必要がある．そのような都市政策に関わる意思決定は，当然政治的に行われなければならないし，その決定の過程において権力や支配の関係が作用することは避けられない．そのような政治的な意思決定とその執行過程をめぐる権力と支配のあり方を問題にするのが，ここでいう権力構造論である．

権力構造とその正統化　　　権力構造は，人々を強制的に従わせる

力をもつと同時に，そのような強制的な力が何らかの意味で公正なものとみなされるような正統性をもっていなければならない．また，そのような支配や権力がどの程度集中しているか，あるいは分散しているかも，重要な問題である．一般に，なるべく多くの人々や利害関係者に意見表明の権利と機会が保障され，誰もが納得できる形式的な手続きが遵守される方法で，一元的ではなく多元的に権力が分有されているような権力構造が，より民主的でそれゆえ強固な正統性をもった望ましいものと考えられている．とりわけ都市の権力構造は，国家よりも身近な自治体のあり方を占う意味で，コミュニティの権力構造論として多くの関心を集めてきたのである．

9.2 権力エリートの時代

コミュニティの権力構造　まずは，フォーディズムの時代における地域権力構造論として，いわゆる CPS 論争をふりかえってみたい．CPS（Community Power Structure）論争とは，フロイド・ハンターとロバート・ダールがコミュニティの権力構造について，それぞれアトランタとニューヘブンという都市を対象に，対照的な方法を用いて実証研究を行い，やはり対照的な結論を得たことにもとづいて，アメリカの権力構造は一元的か，多元的かをめぐって争われたものである．かつては日本でもさかんに紹介されたが（秋元 1981：中村 1973），その後の帰趨についてはあまり紹介されていない．そのあたりの事情も含めて，フォーディズムからポスト・フォーディズムへの移行にともない，権力構造に関する議論がどのように展開したかをみていきたい．

　その前に，この時期の主要な業績の公表時期について確認しておきたい．ハンターの『コミュニティの権力構造』が 1953 年（Hunter 1953），ダールの『統治するのはだれか』が 1961 年である（Dahl 1961）．この間の 1956 年に C.ライト・ミルズの『パワー・

エリート』が出版されている（Mills 1956）．したがって，ハンターの研究は戦後間もない頃の南部の都市アトランタを対象にしており，ダールはもう少し後のフォーディズム全盛の時期の東海岸の都市ニューヘブンを対象にしていた．ハンターがどちらかといえば古典的なかたちの経済的名望家層による一元的な支配を明らかにした後に，ミルズが国家レベルでの権力エリートと軍産複合体の存在を告発し，アメリカの民主主義が危機に瀕していることを主張した．その後さらにダールが権力の多元性を強調したわけである．

　一般にCPS論争はハンターとダールの間で権力が一元的か多元的かをめぐって争われたようにいわれるが，実はその背景にはミルズが提起したアメリカの民主主義の危機，すなわちアレクシス・ド・トクヴィルが高く評価した多様な中間集団によって媒介されたアメリカの民主主義が，権力エリートの存在と国防総省を中心とした行政権力の肥大化によって危機に瀕しているのではないかという認識が横たわっていた（Mills 1956）．そう考えると，ダール以降の権力構造論の展開が理解しやすくなるのだが，この点については後でふれよう．

　声価法とイッシュー法　　さて，ハンターとダールの議論をふりかえってみよう．コミュニティの権力構造をとらえるにあたって，両者は異なった方法を用いている．ハンターは権力をもっているのは誰かという問いにたいする人々の評価を集めることで一群の集団を析出し，これらの人々の間のネットワークを分析することで，コミュニティの権力構造に迫っている．声価法ないし評判法とよばれる方法である．これにたいしてダールは，具体的な政治的意思決定がなされた課題領域を3つ設定し，それぞれの決定過程で誰がどれだけの影響を与えたかを確認することで，権力構造が一元的か多元的かを検討している．イッシュー法ないし争点法とよばれる方法である．

ハンターは，声価法によって析出された権力集団が互いによく知り合っていて，誰が有力者であるかについての意見も一致しており，政策決定に隠然たる影響力をもつ財界人からなることから，アトランタの権力構造がきわめて一元的に構成されていると結論している．

　これにたいしてダールはまず，政党の候補者指名，都市再開発，学校の建替問題という3つのイッシューについて，それぞれの意思決定過程において，誰が検討委員会のメンバーであり，誰の発言がどれだけの影響力をもったかを逐一確認することで，関与者のリストを作成した．そして，3つのイッシューすべてに関わった人物は市長ただ一人であったことにもとづいて，ニューヘブンの権力構造は多元的であるという結論を導きだしている．

　CPS論争と行政権力の肥大化　　このような異なった方法によって真っ向から対立する結論を出した2つの研究をめぐって，多くの議論が行われた（中村 1973）．ここでその詳細について紹介することはできないが，ハンターの方法がいかにも素朴な黒幕の存在を，人々の全般的な評判から実証しようとしたのにたいして，ダールの方法は行政的な政策決定過程における影響力の具体的な行使を綿密に測定している点で一日の長があるという評価がある．また，両者の方法と結論の違いを南部の都市アトランタとリベラルな東海岸の都市ニューヘブンとの違いに求め，ハンターの方法にもそれなりの合理性があるとする議論もみられた．

　当時のCPS論争としては，ミルズが提起したアメリカ的な民主主義の危機にたいして，ハンターにたいするダールの綿密な研究による反証が，アメリカの民主主義を信じたい人々をいくらか安心させるところのあったことは確かであろう．しかし，その後のアメリカにおける権力構造研究の展開をみる限り，現段階では少し違った解釈をすべきなのかもしれない．CPS論争以降，アメリカでは権力構造が一元的か多元的であるかを問うことよりも，絶大な影響力

をもつ行政の政策決定にたいして，いかなる社会経済的諸勢力が影響力を行使しうるかという成長マシン論や成長連合論，都市レジーム論などが台頭するようになる（詳しくは次の第10章で扱う）．つまり，行政の政策決定をめぐってどのような権力構造が作用しているかが課題となり，ハンターのように公的な役職とは無関係に存在する権力集団の存在を突きとめることは，もはや課題ではなくなってしまう．それゆえ権力構造研究は主として政治学の課題となり，社会学の対象とはなりにくくなる．とりわけ日本の社会学においてはCPS論争以降，あまり言及されることがなくなったのは，そのような理由からである．

　そうすると，ハンターとダールの間に位置するミルズの研究の位置づけを，アイビーリーグの卒業生を中心とした国家レベルでの権力エリートの存在を告発したとだけみるわけにはいかなくなる．むしろ，ペンタゴン（国防総省）というアメリカにおいてもっとも専門的な官僚機構の整備が進んだ行政部門を含んだ軍産複合体の存在を，ミルズが強調している点が重要である．アメリカの民主主義の危機は，権力エリートの存在だけではなく，肥大化した行政権力が大統領にすら制御できなくなってきた点にあったのである．そのような観点からみるならば，CPS論争以降のアメリカにおける権力構造論の展開が，少し違ってみえてくるだろう．

9.3　行政権力の時代

　ミルズのパワーエリートと軍産複合体　つまり，選挙のたびにホワイトハウスのスタッフが総入れ替えになるような，政治優位の猟官制（公職の任命が試験制度ではなく政治的に決まるしくみ）にもとづく，あまり発達していない行政官僚制というアメリカの牧歌的な支配機構のあり方が，1950年代から60年代にかけて徐々に変化していったのである．専門的な官僚機構が整備されることで行政権力が肥大

化していくという，近代国家にとってはむしろ通常の発達過程が，アメリカにおいてもはっきりとした形を取りはじめたのである．オリバー・ストーンの映画（『JFK』と『ニクソン』）になぞらえるならば，絶大な人気を誇ったアイゼンハワーがその退任演説で軍産複合体の存在にふれ，もはや大統領すらも思うようにはいかないと嘆き，その後，大統領に就任したジョン・F.ケネディが，ひそかにベトナムからの撤退を決意した後に暗殺され，アメリカは泥沼のベトナム戦争へと進んでいく．そしてさらにその後に大統領に就任したニクソンは，常に FBI の長官であったフーヴァーの影におびえるというお話である．公式には常に否定されてきたストーリーではあるが，ミルズの『パワー・エリート』が告発したのも，国防総省を中心とした行政権力の肥大化が，アメリカの民主主義を脅かしているという事実であった．ミルズ自身もまた『パワー・エリート』出版後，公私にわたって圧迫を受け，そのためか早世したという（鈴木1972）．

　ハンターとダールの論争は，このような変化の時代になされたことを，もう一度確認しておきたい．そのように考えるならば，むしろハンターとダールの争点は，権力が一元的か多元的かという点にあったのではない．むしろハンターが描いたような牧歌的なコミュニティの支配の段階から，ダールが綿密に明らかにしたような，行政権力を中心とした政策決定をめぐる政治的な意思決定の過程への移行を前提として，はたして民主主義がそこでうまく機能しうるのかという点にあったというべきであろう．ハンターへの反証としてよく指摘されたダールの3つの争点のいずれにも影響力をもちえたのは市長ただ一人であったという知見も，むしろ行政権力の絶大な影響力を立証したとみることもできる．だからこそ，その後の権力構造論が，行政の政策決定過程におけるさまざまなアクターのネットワークや連合・体制（レジーム）のありようを明らかにするという方向へと進展するのである．

権力構造論から公私連携論へ　　さらに，1970 年代に入って，フォーディズムが危機に陥ることで，新たな成長戦略が求められるようになると，とりわけ都市の権力構造を考えるうえで，また違った要素が加わるようになる．アメリカの場合，フォーディズムの行き詰まりに対応した財政的な問題の解決は，連邦レベルではなく自治体のレベルへと委ねられることになる．このあたりが合衆国としての分権的な国家の特徴であって，日本のように自治体単位というよりも常に国家政策によって経済成長を図ろうとする国との違いである．70 年代から 80 年代にかけてのアメリカでは，地方自治体が主体となって経済成長を図る動きが優勢となる．その結果，都市を単位として導入された新しい考え方が，公私一体となって経済成長を図る取り組みである．公私連携（Public and Private Partnership）とよばれるのが，それである．

この考え方はその後，日本では「民活導入」というかたちで移入されたり，最近ではサービス提供における行政と市民活動のパートナーシップという意味で理解されたりする．しかし，もともとは，欧米における夜警国家の伝統の下で，それまで連携することの少なかった民間企業と自治体行政が，都市再生のために一体となって取り組む都市再開発公社などの事業形態のことを意味していた．そのような都市の成長戦略を背景に，成長マシン論や成長連合論，都市レジーム論などの新しい権力構造論が台頭するわけである（Molotch 1976; Logan and Molotch 1987; Harding 1991; Stone 1989）．

それらの詳細については次章で扱うことになるが，1980 年代から 90 年代になると，アメリカでのこれらの議論がイギリスを中心にヨーロッパ全体へと移入されることになる．こうして経済成長は民間資本と市場経済が担い，行政はもっぱら市民生活への影響を監視するという従来までの欧米諸国のあり方が変化し，日本のような開発主義国家においては当たり前だった，官民挙げて経済成長を推進する都市政策のあり方が一般化していく．これをデイヴィッド・

ハーヴェイは「都市管理者主義から企業家的都市への転換」と定式化したわけである.

9.4 都市の政治と政策

コミュニティの権力構造と行政　　以上，本章では都市の権力構造について，主としてアメリカでの研究の変遷を題材に論じてきた．アメリカとは異なり，早くから整備された国家の行政官僚機構がその当初から強大な権力を保持してきた日本においては，自ずと事情が異なってくる．それゆえまずは欧米の事情についてだけ紹介したわけである．しかしながら，ここで確認しておきたいことは，フォーディズムが危機を迎えた後のポスト・フォーディズムの時代においては，資本主義世界経済の中での欧米諸国の優位は崩れ，日本をはじめとした後発国や途上国と同様に，経済システムと政治行政システムが手を携えて都市の持続可能な成長のために協調していく体制が一般的となり，それらは常に都市政策という行政の政策決定過程を介して，しのぎを削るようになっているということである.

　そのため，コミュニティの権力構造は行政の政策決定をめぐって議論されるべき課題となるのである．それゆえ主として政治学の対象となるが，行政の政策決定にたいしては市民が直接参加したり，何らかの社会運動を通して関わる可能性もあるので，社会学として論じられるべき課題も少なくない．また，行政の政策決定をめぐって権力が一元的であるか，多元的であるかは，現在でも重要な課題であろう.

　権力構造研究の課題　　最後に，この点での日本における都市の権力構造研究の課題について一言ふれておきたい．アメリカとは異なり，早くから政党や議員，議会に比して行政の実質的な権力が非常に大きかった日本においては，行政の執行過程における市民の動

員という側面が重要な意義をもってきた．すでに第8章で述べた地域住民組織の問題がそれである．日本の都市の権力構造を，ハンターとダールの論争を意識しながら実証的に明らかにした秋元律郎は，行政区や自治会・町内会の組織を抜きにして，日本のコミュニティの権力構造を論じることはできないと喝破している（秋元 1971）．

したがって，日本におけるコミュニティの権力構造研究は，第8章で扱ったような，都市の行政システムと市民との関係という側面で，実質的に顕在化する場合が圧倒的に多い．しかしながら，それらがあくまで行政の執行過程でのやりとりである限り，行政の裁量権の範囲を出ることはできない．それでは本来の権力構造研究とはいえないだろう．本来の権力構造研究とは，行政の裁量権をこえる政治的意思決定に関わるものである．したがって，日本では政治行政システムにおける政党，議員，議会を介した都市社会運動と都市政治の研究が，都市の権力構造論として求められるのである．

参照文献

秋元律郎 1971 『現代都市の権力構造』青木書店.

秋元律郎 1981 『権力の構造――現代を支配するもの』有斐閣.

鈴木広 1972 「ミルズの理論」新明正道監修『現代社会学のエッセンス』ぺりかん社.

中村八朗 1973 「権力構造の動態」倉沢進編『社会学講座5　都市社会学』東京大学出版会.

Dahl, R. A. 1961 *Who Governs ? : Democracy and Power in an American City*, Yale University Press. 河村望・高橋和宏監訳『統治するのはだれか』行人社, 1988.

Harding, A. 1991 "The Rise of Urban Growth Coalitions, UK-style ?", *Environment and Planning C : Government and Policy* 9.

Hunter, F. 1953 *Community Power Structure : A Study of Decision Makers*, University of North Carolina Press. 鈴木広監訳『コミュニティの権力構造』恒星社厚生閣, 1998.

Logan, J. R. and H. L. Molotch 1987 *Urban Fortunes : The Political Economy of*

Place, Routledge.

Mills, C. W. 1956 *The Power Elite*, Oxford University Press. 鵜飼信成・綿貫譲治訳『パワー・エリート(上)・(下)』東京大学出版会，1958.

Molotch, H. 1976 "The City as a Growth Machine", *American Journal of Sociology* 82. 堤かなめ訳「成長マシンとしての都市——場所の政治学にむけて」町村敬志編『都市の政治経済学』日本評論社，2012.

Stone, C. N. 1989 *Regime Politics : Governing Atlanta 1946-1988*, University Press of Kansas.

（玉野和志）

第10章　都市の成長戦略と新都市政治学

　本書が冒頭で示した近代以降の都市の歴史的展開の３つの時期区分に従うならば，本章が扱う都市の成長戦略と新都市政治学の登場は第３期の「ポスト・フォーディズムと世界都市の時代」におこった現象である．1970年代以降の多国籍企業を中心とする生産と流通のグローバル化は，それまでの国家を単位とした雇用と労働の管理を不可能とし，国家よりも下位の地理的スケールにあたる都市や地域をグローバルな競争の中に投げ入れた．フォーディズムの時代には国家という堅固な外壁に守られていた都市は，グローバル競争の中で独自に自らの経済やコミュニティの保持・発展のための道を模索しなくてはならなくなったのである．このような事態に直面して，都市の政策や政治のあり方も変わっていかざるを得なかった．

　本章はそのようなグローバルな都市間競争の下での成長戦略，またその戦略を生み出すプロセスで生じた都市政治の革新について論じていく．最初にこのような大きな変化の舞台となったのは西ヨーロッパや北米の都市であったが，今やその波は世界中に及びつつある．日本での都市政治研究は，現在までこの新しい世界の潮流から必ずしも大きな影響を受けてこなかったが，近年の経済社会的状況の変化も踏まえて，新たな都市政治学研究の可能性についても言及してみたい．

10.1 都市の成長戦略──衰退から再生へ

成長戦略　　「成長戦略」という言葉を，国の経済に関して，いつ誰が使い始めたのかは必ずしも自明ではない．日本では小泉政権（2001年～2006年）以来の歴代政権が，自らの政策を表明するうえでしばしば用いるようになった．したがって，この言葉にはっきりとした定義はないが，ここでは経済を成長に導くための市場条件の整備（貿易自由化や規制緩和など）と特定の産業への重点投資，インフラ整備などを組み合わせたものと考えたい．

　都市の成長戦略が注目されたのは1980年代以降である．それに先立つ1950年代から1970年代にかけての成長戦略は，政府による有効需要の創出と管理に支えられていた．公共投資と社会保障が中間層の雇用と消費を保証し，長期にわたる経済成長を実現させた．国による多少の違いはあるものの，政府は経済成長の果実をあまねく国民に行き渡らせるため，民族間や地域間の格差を最小化することに留意した．

　しかし，1970年代の半ばには安定した経済成長と福祉国家の時代が終わりをつげ，製造業を基盤としてきた北米やヨーロッパの工業都市は雇用を失い大きな打撃を受けた．都心周辺部のインナーシティには移民を含む低所得者や失業者が滞留し，犯罪や薬物汚染などの集中地区となった．新自由主義の政府は「自助自立」の精神の下で福祉関係の予算を削減した．都市（特にそのインナーシティ地区）は衰退し，税金を食いつぶす「社会のお荷物」になっていった．

ポスト・フォーディズムと都市再生　　その後，1980年代の半ばから，それまでの製造業と福祉国家に代わる新たな資本主義の蓄積体制が模索されることとなった．製造業に代わって新たなリーディング産業となったのは，法務，会計，広告，経営コンサルタント

などの企業向けの高度サービス業，またそのような部門で働く比較的高収入の従業員を顧客とする小売業，飲食，ホテル等のサービス業であった．また，音楽・デザイン・映像などのコンテンツを生かした文化的・創造的産業も，メディア産業や観光業と組み合わせることにより新たな成長産業となった．

　これらの成長産業が立地したのは，都心部及びその周辺のインナーシティであった．それまでの廃業した工場や倉庫，使われなくなった鉄道施設や操車場に代わって，オフィス，小売業，レストランなどを組み合わせた複合施設や富裕層向けの高層マンションが建設された．その周辺には文化的・創造的産業に従事するクリエイターたちの仕事場や住居，アトリエや飲食店などが広がった．それまで荒廃し都市のお荷物と思われていた都心周辺部はポスト・フォーディズム時代の成長拠点として再生したのである．では，そこにはどのような政策の転換やそれを可能にした政治的背景があったのであろうか．次節以降でみていきたい．

10.2　企業家的都市の誕生

都市管理者主義から企業家的都市へ　　グローバルな都市間競争の時代の都市政治を最初に理論化したのは，アメリカの政治学者であるポール・ピーターソンであった．ピーターソンは「公共選択論」の立場から，市場競争という巨大な力の前には都市政策の策定にあたって民主的な手続きや社会運動はほとんど無力である，と論じた（Peterson 1981）．もし自治体が手厚い福祉政策を実施すれば，他地域から低所得者の流入を招き，中高所得層は他の地域に転出する恐れが大きい．しかし，経済開発政策（例えばインナーシティの再生）を実施すれば専門職の高所得者が流入し，財政もうるおう．したがって，自治体は合理的選択として福祉でなく開発政策を選択するというのである．

また，イギリス人の批判的地理学者デイヴィッド・ハーヴェイは
ピーターソンの議論をさらに進めて，「企業家的都市論」を発表し
た（Harvey 1989）．ハーヴェイは先進資本主義諸国において，都市
自治体の統治にたいする態度が，福祉国家の時代の「管理者」的ア
プローチから「企業家」的アプローチに変化したと論じた．先述の
都市再生政策は住民の福祉や安全を保護する従来の公共管理型の
「手堅い」政策とは異なり，時に失敗するリスクを伴う投資家的性
格＝企業家精神をもつと主張した．

　特に彼が問題にしたのは，企業家的アプローチは企業の投資を限
られた地域に誘導し，限られた層の住民だけが利益を得る構造とな
っていることであった．地域経済の底上げ（例えば失業者向けの再就職
プログラム）はなおざりにされ，階層間の分離や対立も深まった．
外部からの資本を導入しメディアからは成功例とされるような都市
でも，その繁栄は一部の住民だけのものであり，投資環境の変化に
さらされ不安定なものであると批判した．

　「ガバメントからガバナンスへ」　　都市間競争と企業家的都市論
と時を同じくして登場したのが，いわゆる「ガバメントからガバナ
ンスへ」という言葉で総称できる政策形成プロセスの変化である．
福祉国家時代の都市管理者主義の下では，政策形成は「官」の独占
物であった．政策の目標や手段の設定，予算の配分，効果の測定や
評価など，専門家による審議会などはあったとしても，すべてが行
政側の用意した土俵の上で行われ，社会は統治（ガバメント）される
客体とみなされていた．

　一方，ポスト福祉国家の時代には，政策形成は単一の主体によっ
て独占されず，公共セクター・企業セクター・市民セクターの間の
協働に委ねられるとされている．実際に企業家的都市においては常
に変化する市場の環境に的確に対応するために，民間企業や市民社
会の知恵や行動原理を取り入れる必要があった．政策形成も官僚主

導ではなく，企業団体や住民組織などが参加し，実質的な役割を担う「共治（ガバナンス）」によって導かれるといわれた（今村 2002）.

10.3 新都市政治学と都市レジーム論

新都市政治学　　上記のような社会経済的な環境や政策形成環境の変化を受けて出現した都市政治の理論は，今日，集合的に「新都市政治学」とよばれている（MacLeord and Jones 2011）. 新都市政治学の中でも支配的な位置を獲得したのが「都市レジーム論」であった. レジーム（Regime）とは元来「政治体制」，「政治制度」を意味し，通常「共産主義」や「資本主義」ほどの大きな枠組みではないが，ひとつの政権にだけ限られてしまうわけでもない. 中程度の時間軸で考えられる政治のかたちを指すとされる. 都市レジームとはこの概念を地方政治レベルに適用したもので，地域社会学者の中澤秀雄は「地方政治における比較的安定したシステムであり，10 年単位の長期にわたって地域を統合する思想と構造である」とまとめている（中澤 2005）.

　都市レジーム論は，アメリカの政治学者クラレンス・ストーン（Stone 1989）によって最初に提唱された. ストーンはアトランタの40 年に及ぶ市政の観察から，多様性に富み，異なった利害をもつグループがパートナーシップを組み，また時にその相手を組み替えて，安定的に市政を行っていることに着目してレジーム論を構想した. 中澤によれば，ストーンはレジームの構成要素として以下の 3つを挙げている（中澤 2005）.

（1）政府が何かを行うときの能力（Capacity）

（2）それを行う一連の行為者

（3）彼らを統一して行動させる関係性

　政府の能力とは政策を遂行するにあたって必要な資源動員力や正統性であり，官僚の組織や専門性等の人的資源，政府予算や企業か

らの貢献などの経済資源，また選挙による民主制の下での正統性などが含まれる．レジームの行為者とは，ガバナンス構造の中で，「官」の部分の政治家や行政官と政府に影響力を行使する企業団体や市民組織の代表などからなるネットワークを指す．彼らを統一して行動させる関係性としてストーンが重視したのは，法律や公的制度のもつ強制力ではなく，ガバナンスの多様な主体が協働するための「ゲームのルール」（中澤 2005）であった．以下で詳説する．

権力概念　都市レジーム論の貢献のひとつは，都市政治における「Power＝権力」概念の革新であった．第9章で述べたように，CPS 論争で，ロバート・ダールは，権力は広く社会に分散しており，政策イシューごとに異なった行為者が政策決定に参加すると考えた．それにたいしてフロイド・ハンターは，権力は少数の有力者に集中しており，顔ぶれはいつも同じであると主張した．しかし，どちらもマックス・ヴェーバーによる古典的な権力概念，すなわち権力とは「抵抗に逆らってでも自己の意思を強要させられる能力」を前提としていた点では共通していた．

　ストーンは，現代のガバナンス構造の下では，どの行為者も，古典的な意味で単独で権力を行使する能力をもたない，と考えた．むしろ，大事なのは権力を使うことができるような潜在性（Capacity）をどう確保するかであり，例えば他の行為者と協働関係を形成したり，交渉や利害調整をしたりすることの中から権力を社会的に作り出すことを重視した（Stoker and Mossburger 1994）．

国家と市場との相補的分業　都市レジーム論ではパートナーシップを重視するが，それはどんな組み合わせでもよいということではなく，政府などの公共セクターと民間企業セクターとの間の分業と協力を基調としていた．近代資本主義の原則によれば，企業や個人は営利活動を行う自由をもち，国家は公共政策を行う正統性をも

つとされる．しかし，公共セクターはいくら正統性を有しても，公共政策を実行する財源に乏しい場合がある．また経済のほとんどの活動は民間セクターに属している．一方で民間企業には公共政策を行う正統性はないが，市場での資本蓄積により技術的・経済的資源を有する．都市レジーム論はこの相補的関係を用いて政府と企業がパートナーシップを組むことにより，頑強な権力に近づくとしている（Elkin 1987）．しかし，実際には後述するように新自由主義の影響や恒常的な財政難によって，都市政策においても民間企業の影響力・発言力が公共セクターを上回るようになり，「企業の特権的地位」とよばれている．

　　成長連合　　パートナーシップを組む目的や意図は状況に応じてさまざまであるが，最もよく取り上げられるのは，当該都市や地域の経済的成長を目指した「成長連合＝Growth Coalition」である．「成長連合」は，アメリカの社会学者であるハーヴェイ・モロッチが構想した，土地を基盤とした経済成長のための仕組みである「成長マシン」が元になっている（Molotch 1976）．当初は地主と建設業者による，特定の土地の高度利用を通じた地価上昇のための連合であった．しかし，次第に地域経済の発展やそれを通じた税収の向上という目標が大きくなった．メンバーも地主と建設業者だけでなく，一般企業や自治体，メディアや大学，住民組織などを巻き込んだものに拡大した．つまり，都市全体のイメージの向上や外部からの投資の促進のための，地域が一丸となった連合を意味するようになったのである．

　都市成長への願望が元来の立場を超えてコンセンサスの形成の基本的動機になり，特に衰退に直面した都市にとってはこの願望が大きい分，コンセンサスも得やすく，成長連合を形成しやすかった．インナーシティの衰退地区における，中流層向けの住宅・オフィス・小売・文化施設などの複合施設を核とする再開発などが典型で

ある．これとは逆に，低密度な住宅地や豊かな自然環境を守るための郊外における「反開発」連合も実在するが，事例としては少数にとどまっている．

政治的支持の調達　レジームのメンバーは，経済開発から間接・直接に利益を受けることが期待できる職種や業種に限られやすい．しかし，しばしばレジームは都市全体の経済成長のための手段として公共政策を活用する．例えば，新規に投資する企業に向けての税の優遇措置などである．公共政策である以上，議会の信任を得て法案や予算案を通す必要があるが，利益を侵害されるグループからは反対が出ることが予想される．この反対派にどのように対応し，レジームにとっての障害物にならないようにするかは大きな問題である．

ひとつの方法は，開発にまつわるレトリックを活用することである．つまり，当該のプロジェクトが一部の関係者だけでなく，最終的にはすべての住民のためになる，例えば高所得層の所得増加が時間とともに下の階層に転移していく，という言説を流通させる．もうひとつは，連合外のグループにたいして「小さな機会＝small opportunity」を提供し，政治的支持を調達するというものである．ストーンのアトランタの研究ではレジームの主体でない黒人企業家層にビジネス拡大の小さな機会を提供することによって，レジームの主たる構成メンバーや目標を保ったまま，タイムリーに政治的支持をとりつけた例が語られた（Stone 1989）．

リーダーシップ　パートナーシップを組むメンバー間の関係性は，さまざまなセクターの行為者からなることもあって，階層性のある上下関係ではなく，インフォーマルなネットワーク構造とされている．また，ガバナンス構造では圧倒的な権力をもった行為者が不在で，法的制度的な枠組みが不明確な中で，政策決定に大きな役

割を果たすのは個人のリーダーシップとなりやすい．しかし，都市レジーム論はリーダーシップについてはっきりと理論化できていない．制度的には，多くの場合，市長や議会などに政治的な権限がある．しかし，実際のレジームでは彼らがフリーハンドで政策決定できるわけではない．事例研究の多くは，財力や資源動員力の観点から民間企業の役割が大きいことを指摘している．

10.4　都市レジーム論の評価と今後の研究の展望

都市レジーム論の評価　　ストーンの都市レジーム論は 1989 年の発表以来，20 年以上にわたって都市政治研究において広く参照されてきた．その理由は，総合性と頑強性に求められる．都市レジーム論はそれまでの都市政治研究の主流理論であった，CPS 論争・マルクス主義・都市管理主義・成長連合を高いレベルで統合することにある程度成功した．そして，都市政治研究の焦点である「誰が都市や地域を統治するのか」，「その権力の源は何なのか」といった問いにたいして，統一的な説明を用意した．

　前章で扱った CPS 論争においては，アメリカの権力構造が一元的か多元的かが争われたが，ともに都市政治の行為者がそれぞれの利害に基づいて自由に決定に参加できることを前提としていた．それにたいして，マルクス主義は経済的要因による外部からの構造的規定性に注目し，資本蓄積を支える国家のあり方を問題視した．一方，都市管理主義は，経済的要因に還元されない国家による独自の目標，特に社会統合や管理の観点から，福祉国家における官僚組織を「都市管理者」として分析した．

　都市レジーム論は，レジーム誕生の前提として多元的な権力の分散状況を想定し，その中からパートナーシップのメンバーとして少数のアクターの連合が登場する，という一元的な帰結を導いた．そこには弁証法的でダイナミックな理論展開があった．また現代の都

市間競争の中で，国家と市場の分業と協調関係の中にレジームを位置づけるのはマルクス主義の伝統を生かしたものである．その一方，ピーターソンのような市場決定主義を避け，構造的要因から相対的に自立したアクターのパートナーシップに焦点を当てている．企業家的都市の登場とともに，経済的な利益が都市のガバナンスに影響を強めているのは確かだが，それを実証的なレベルで分析するための枠組みを提供した．このようにそれまでの主要な理論を相補的に組み替えるという意味で，また理論と実証研究を組み合わせるという意味でも，都市レジーム論の貢献は大きかった（Lauria 1997）．

　一方で，批判としては以下の3点があげられる．まず第一に，都市や地域を外部から隔絶されたものとして扱っているというものである．レジームが前提としているのは，上位政府からの介入のない独立した地方自治体と高度の移動性をもつ資本の存在である．しかし，実際の都市は行政レベルで国家や超国家的組織（例えばEUなど）と結びつくし，地元市場に頼った経済界との結びつきもある．

　2点目として，都市レジーム論が扱うのは経済開発に関わる政策だけで，公共政策の他の分野，例えば福祉・医療・教育などへの言及がない，ということであった．都市間競争と企業家的都市の時代にあって，経済開発や企業誘致が大きな課題であることは事実としても，都市政策はそれだけで成り立つわけではない以上，批判は当然ともいえる．

　3点目として，都市レジーム論はアメリカの都市や地域に特有の条件によって規定されているということである．つまり，ホームルールの原則のあるアメリカでは連邦政府からの政治的・財政的独立が当然視されており，特に1980年代以降の福祉予算削減の中でその傾向が強まったこと，また開拓時代からの伝統的に政府に頼らず民間の力で地域開発をリードしてきた「ブースターリズム」という文化的土壌もあった．したがって，これらの条件の欠けている諸国，特に中央政府の力が伝統的に強い欧州諸国からは批判を受け，都市

レジーム論をアメリカ以外でも応用可能なものに彫琢することが理論的な課題となり（Strom 1996），さまざまな形態のレジームについての分析も進んでいる（Lauria 1997）．ストーン自身も最近ではより一般的・総合的なレジーム研究を志向している．教育や人的資源開発での官民の協力体制を事例として，「社会的公正」や「格差の是正」をアジェンダとした，企業セクターが優勢ではなく，市民グループが大きな働きをするようなレジームについても研究を進めている（Stone 2005）．

日本における都市政治研究　　　日本における都市政治の研究は主に政治学・行政学の一分野として制度的に確立され，現在に至っている．日本における都市政治研究のひとつの特色は，政府間関係（中央政府と地方自治体の間の関係）に重点が置かれていることである．集権的な行財政システムによる地方への政府の介入や，それにたいする地方の相対的自立性が焦点となった（村松 1988）．近年では地方分権や自治体合併，道州制をめぐる政府間関係の研究もみられる．もうひとつの特色は市民参加をめぐるもので，規範的な観点から「草の根民主主義」の涵養を目指した市民の政治参加が論じられた（松下 1975）．近年では選挙の他，住民投票やリコールなどを通じた市民の地方自治への主体的な関わりも注目を集めている（中澤 2005）．

その一方，本章で述べたような，特定の都市や地域の開発をめぐる地元の自治体・経済界・市民団体などの有力者間での政治についての研究は，一部の政治学者・経済学者（加茂 1988; 宮本 1976）にみられるが，1970年代の一時期に留まり大きな潮流にはならなかった．

地域社会学の分野では，高度成長期の地域開発政策にたいする批判的研究が「構造分析」と総称される研究潮流を形づくった（福武 1965; 似田貝・蓮見 1993）．これらはマルクス主義の伝統に立ち，特定

の都市の経済基盤や社会構造を多角的・総体的に分析し，都市の全体構造を浮かび上がらせようとするところに特色があった．しかし，都市政治としての分析は総じて記述的なレベルに留まり，理論的な発展にはつながらなかった．

そんな中で，本章で紹介した新都市政治学の関心と重なるのは，町村敬志の『「世界都市」東京の構造転換』に取り上げられた「成長連合」である（町村 1994）．町村は「世界都市」を目指した 1980 年代の東京における都市構造再編連合を実証的に研究した．彼は「1980 年代の東京における社会経済的条件が日本においても連合の形成を促進した」として，世界的な資本の流動化と都市間競争，新自由主義による民間活力の活用，地価の上昇，企業による都市改造への関心などが重なって官民による成長連合につながったと論じた．

具体的には，政府や東京都の下につくられた各種の審議会や諮問機関を公的セクターと私的セクターをつなぐ「連結機関」とみなし，参加者のメンバーシップ，基本的目標や利害関係を分析した．その結果，参加者それぞれの目指すものは違うものの，協力してビッグプロジェクト（この場合は臨海副都心開発）を進めることで利益を得る機会が広がるという認識のもと，ゆるやかな成長連合が形成されたと結論づけた．

今後の都市政治研究の課題と可能性　　1990 年代以来，都市レジーム論は先進国の都市政治研究での理論的な参照点となってきたが，2000 年代の後半からその影響力には陰りもみられる．その理由としては，先述したように都市レジーム論の理論としての限界が明らかになってきたことがあげられる．しかし，同時にそのような限界を乗り越えようとする研究も生まれてきている．本項ではそれらを紹介し，将来への展望を語ることで結びとしたい．

都市レジーム論がアメリカの都市政治の歴史的・制度的条件に規

定されていることはすでに述べたとおりである。特にヨーロッパの国々からは，国家のもつ役割への理論化がなされていないことへの批判が強かった。これには 1970 年代以降にヨーロッパから起こった政治学における国家論の再興が関係している (Jessop 1982)。グローバル化の中での国家機能の縮減が問題とされるが，都市や地域への関わり方に質的な変化が起きていることが指摘された。ニール・ブレナーによれば，国家はその公共政策の対象を，国家全体を単位とした均一な空間ではなく，特定の都市・地域へと「リスケーリング」することで統治機能を発揮しようとした (Brenner 2004)。ここでは，都市と国家との間での空間やスケールをめぐる政治が課題となっている。

　また，都市レジーム論のイデオロギー的な側面や規範的な側面も批判の対象となった。レジーム研究は合意形成のプロセスを対象とするが，安定したレジームを形成するためには社会の多数派を取り込む必要が生じる。その結果，少数派，例えばエスニック・マイノリティ，貧困層，ホームレスなどが「残余者」として扱われ，合意を阻害する非協力的存在とみなされた。ここに排除や社会的不正義を助長する危険をはらんでいる。ほとんどのレジーム分析は価値中立的な研究を志向してはいるが，分析対象の特性から現状追認的な印象を与えがちだった。

　都市レジーム論は政策過程を事後に合理的に説明するのに有力だったが，それ以上の，例えば「より民主的な政策決定を実現するには何が必要か」といった，規範的な面の追究に乏しかった。このような批判を受けて，最近では都市政治の「脱政治化＝Post Political」や「脱民主化＝Post Democratic」がいわれている (MacLeord 2011)。そこには，グローバル化や新自由主義を唯一の政治経済的与件とし，その中で個人や家族生活の最適化を目指す生活保守主義や消費主義などの中流階級的価値観の広がりがある。その価値観に沿った「よい都市」「よい自治体」「よい政策」の共通のイメージが

広く流通し，予定調和的な政治は争点の非顕在化をもたらしている．格差の拡大や分極化は多くの都市で共通の問題となっているが，それに起因する政治的対立は全体的には低調である．

　さて，目を日本国内に転じるならば，近年，新都市政治学や都市レジーム論が出発点とした社会経済的条件が整いつつある．すなわち，市場主義と低成長時代への移行に伴う都市や地域の生き残りをかけた競争の激化，国家財政の慢性的逼迫による都市・地域への選択的投資などである．都市政治の分野でも，本章で紹介した新都市政治学や都市レジーム論の知見を取り入れた研究の進展が待たれるところである．

参照文献

今村都南雄編 2002『日本の政府体系——改革の過程と方向』成文堂.

加茂利男 1988『都市の政治学』自治体研究社.

中澤秀雄 2005『住民投票運動とローカルレジーム——新潟県巻町と根源的民主主義の細道，1994-2004』ハーベスト社.

似田貝香門・蓮見音彦編 1993『都市政策と市民生活——福山市を対象に』東京大学出版会.

福武直編 1965『地域開発の構想と現実』東京大学出版会.

町村敬志 1994『「世界都市」東京の構造転換——都市リストラクチュアリングの社会学』東京大学出版会.

松下圭一 1975『市民自治の憲法理論』岩波書店.

宮本憲一 1976『社会資本論（改訂版）』有斐閣.

村松岐夫 1988『地方自治』東京大学出版会.

Brenner, N. 2004 *New State Space : Urban Governance and the Rescaling of Statehood*, Oxford University Press.

Elkin, S. 1987 *City and Regime in the American Republic*, University of Chicago Press.

Harvey, D. 1989 "From Managerialism to Entrepreneurialism : The Transformation of Urban Governance in Late Capitalism", Geografiska Anterieur, Series B : *Human Geography* 71(1). 廣松悟訳「都市管理者主義から都市企業家主義へ——後期資本主義における都市統治の変容」『空間・社会・地理思想』2，1997.

Jessop, B. 1982 *The Capitalist State*, New York University Press.

Lauria, M 1997 "Introduction : Reconstructing Urban Regime Theory", M. Lauria (ed.), *Reconstructing Urban Regime Theory : Regulating Urban Politics in a Global Economy*, Sage.

MacLeord, G. 2011 "Urban Politics Reconsidered : Growth Machine to Post-democratic City ?", *Urban Studies* 48(12).

MacLeord G. and M. Jones 2011 "Renewing Urban Politics", *Urban Studies* 48 (12).

Molotch, H. 1976 "The City as a Growth Machine", *American Journal of Sociology* 82. 堤かなめ訳「成長マシンとしての都市——場所の政治学にむけて」町村敬志編『都市の政治経済学』日本評論社, 2012.

Peterson, P. 1981 *City Limits*, Unirersity of Chicago Press.

Stoker, G. and K. Mossburger 1994 "Urban Regime Theory in Comparative Perspective", *Environment and Planning C : Government and Policy* 12.

Stone, C. N. 1989 *Regime Politics : Governing Atlanta 1946-1988*, University Press of Kansas.

Stone, C. N. 2005 "Looking Back to Look Forward : Reflections of Urban Regime Analysis", *Urban Affairs Review* 40.

Strom, E. 1996 "In Search of the Growth Coalition : American Urban Theories and the Redevelopment of Berlin", *Urban Affairs Review* 31.

（齊藤麻人）

VI

グローバリゼーションと都市

ロンドン東部に開発されたカナリー・ワーフのビル．かつての労働者居住地区に突如として現れた金融街で，ジェントリフィケーションの象徴となった．ロンドン・オリンピック（2012年）の会場はこの周辺であった．
（撮影：玉野和志）

第11章　途上国の都市化と経済成長

　国連人間居住計画の試算によると，2015年時点で，人類の半数以上が都市に居住しており，そのうち途上国の占める割合は約7割である（UN-Habitat 2016）.「都市の世紀」と称される今世紀に入り，途上国の巨大都市（Mega Cities）は膨張の一途をたどっている．そのなかで階級分化，貧困，雇用問題はこれまでになく先鋭化している．

　途上国の都市化に関する諸議論の背景には，先進国が近代化を通して解消した大衆的貧困が，途上国では近代化を通して先鋭化している現実がある．本章ではこうした問題を理解するために，過剰都市化，首位都市，不法占拠地区，インフォーマル・セクターに関する基本的な議論を紹介する．そのうえで，こうした諸現象が経済成長にともないどう変質したのかを国際比較をまじえて検討する．最後に，グローバル経済の進展にともなう都市の再編成について，産業構造の変化，国家や都市中間層による成長イデオロギーの文脈から議論する．

11.1　先進国の都市化との違い

　カール・マルクスやマックス・ヴェーバーは，都市化が先進国の産業化の足跡となることを予期した．しかしながら，先述のように，将来の大都市の多くが途上諸国に集中することと，中産階級の台頭

とともに大衆的貧困を内包しながら成長する巨大都市は，途上国の都市が先進国の産業化をたどりえないことを示している（Davis 2006）．

　先進諸国も，近代化の過程で農業生産力の上昇にともなう余剰労働力の形成と都市流出を経験してきた．しかしながら，都市部では向都移住者を吸収する産業の発展が並行してみられた．産業化と都市化が軌を一にし，産業構造の転換とともに社会的分業が安定的に維持されてきたわけである．

　一方で，第二次世界大戦以降に独立した多くの途上諸国では，急激な人口増による都市への人口流出がスラム化に直結し，以下の諸問題を生みだしてきた．

　過剰都市化　　過剰都市化は「産業化なき都市化」ともよばれるように，雇用吸収能力が都市人口の増加のペースに追いつかない状態をさす（小倉 1982）．その結果，失業または半失業状態にある相対的過剰人口が生みだされる．それでは，なぜ農村からたえず都市に人口が流出するのか．新津晃一は，向都移動における引っ張り要因と押し出し要因をそれぞれ検討している．引っ張り要因には，大都市を中心とした工業化政策，教育・文化施設の集中といった「経済的」動機の他に，インフラの整備による農村-都市間の近接化と，都市的生活様式の農村への浸透にともなう都市への憧れの増大といった「経済外的」動機がある．押し出し要因には，農村における過剰人口や商品経済の浸透にともなう農村貧困層の増大といった「経済的」要因がある一方で，異なる民族や宗教・宗派間の対立，ダム建設による立ち退きや森林破壊などによる環境難民の発生など「経済外的」動機がある．いずれにせよ，向都移動には押し出し要因が強く働く．先進国のように個人的な動機づけによる移動ではなく，移動を余儀なくさせる構造こそが過剰都市化の主要因である（新津 1989）．

首位都市の形成　　首位都市の首位性（Primacy）は，その人口の全都市人口にたいする比率または第2都市の人口との対比によって測られる．したがって，アルジェリアのアルジェやペルーのリマのように，世界的に規模の大きい都市ではなくても，当該国家のなかで突出した規模をもっていれば首位都市となりうる．一方で世界的に規模の大きい都市，たとえばムンバイや北京など，国内に他の複数の大都市がある場合は首位都市とはいえない．いずれにせよ，首位都市は一国単位での都市システムからみた相対的な条件にすぎないのである（Sassen 2019）．とはいえ，途上国における都市の一極集中性は，首位都市が巨大な規模と支配力をもつという特徴を示している（駒井 1989）．たとえば，2014 年のアルゼンチンの総人口にたいするブエノスアイレスの人口は 36.0％であったが，同市の国内総生産にたいする割合は 59.6％と非常に高い（Sassen 2019）．

スラムと不法占拠地区　　途上国の貧困層による住宅取得は，合法的になされることもあれば，非合法的になされることもある．あるいは，非合法的な居住地で政府や行政，国際機関が住環境を改善し，土地所有を合法化することも稀ではない．加納弘勝（1996）によると，都市貧困層の住宅取得には2つの特徴がある．ひとつは公有地や他人の土地を占拠して建設する不法占拠であり，いまひとつは建築規則に適合しない安価な細分化住宅の取得である．途上国の都市では，一般住宅市場から合法的に住宅を取得できずに，非合法的に取得せざるをえない貧困層が膨大に存在する．こうした行為は「違法」とされるが，国家が集合的消費手段を貧困層に広く供給できない状況においては，行為者たちの生き残りの手段としては「正義」ともなろう．また，選挙の際には「票田」として住宅，電気・水道・トイレなどの設備がこうした層に供給される事例が数多く報告されている（Castells 1983）．

			職　種	
第2次産業	伝統部門		鍛冶屋，大工，石工，金銀細工師，壺づくり	伝統部門
	中間部門		精米業者，製粉業者，搾油業者，レンガ製造業者 家具づくり，仕立屋	中間部門
第3次産業	販売流通部門	消費者に対応	a 呼び売り商人…野菜，果物売り，水売り，壺売り，花・新聞・菓子売りなど b 露天商…………野外食堂，土産物屋，各種たべもの売り c 小雑貨商・小食堂	↑自営的サービス部門↓
		事業体に対応	廃品回収業務…古紙・廃品回収，最終処分場での有価物の収集 内職労働者……衣料生地，食料品，医療器具等の生産にかかる単純作業	
	労働サービス部門	消費者に対応	a 修理サービス業…自動車・オートバイ・自転車修理，電気器具修理，鋳掛け屋，傘修理 b 小サービス業……洗濯人，清掃人，美容師，売春婦，大道芸人，靴みがき，マッサージ師 c 小輸送業…………リキシャ運転手，馬車引き，小乗合バス運転手	↑直接依存部門
		世帯に対応・事業体	a 事業体への日雇い労働者…建設労働者，港湾労働者，臨時工 b 家事サービス労働者………家事労働者，門番，ドライバー	

図11-1　インフォーマル・セクターに含まれる職種

出所）　新津（1989：56）を加筆修正.

都市貧困層の経済活動　　貧困層の多くは「雇用-被雇用」の関係にないインフォーマル・セクターに従事している．この概念をはじめて用いたのは，英国の社会人類学者，キース・ハートである．彼はその特徴として，①参入障壁の低さ，②現地で調達可能な資源の活用，③家族経営，④零細経営，⑤労働集約的な生産かつ低い技術水準，⑥公教育外での技能習得，⑦公的な規制外にある競争的な市場をあげた（Hart 1973）．実態としては下町，裏通り，バザール等に一般的に見受けられる露天商や行商人，廃品回収人などの都市雑業である．これらの生業は，近代的な諸制度により経済組織が確立している企業や公共部門からなるフォーマル部門とは大きく異なる（新津 1989）．そこには生業の担い手たちが失業中の家族や親族，同郷出身者などを1人でも多く吸収しようとする「貧困の共有」がみられる．

　インフォーマル・セクターには通常，第1次産業は含まず，第

2・3次産業として分類できる職種が含められる（図11-1）．新津
（1989）によれば，第2次産業には伝統的な職人層から構成されて
いる「伝統部門」や，家族・親族によりいとなまれる零細な企業体
ではありながらも，近代的な生産技術をも導入し，フォーマル部門
への橋頭堡にもなりうる「中間部門」がある．こうした層は，副業
として高利貸し，日雇い労働の手配師，出来高制労働の仲介人，家
賃の徴収役などに従事することもあり，フォーマル部門の末端労働
者よりも収入が高いケースもみられる（Breman 2004）．それにたい
して，第3次産業には行商・露天商，屑拾い，路上の散髪屋，零細
修理工などの「自営者」や，飯場で手配師から日雇いの仕事を受け
るフォーマル部門の「非常雇」労働者，そして家事サービス労働者
らが含まれる．

11.2 従属理論への展開

途上国の都市化と貧困　　途上国都市の貧困の性質と原因は，そ
の国の「内的」な社会的・文化的・心理的諸特徴ではなく，「外的」
な関係性に求められる．それを説明したのが，「第三世界発」の従
属理論である．同理論は1960年代後半以降，軍政下のチリで展開
し，その後ラテンアメリカをはじめとした途上諸国で受容された．
その第一人者であるアンドレ・フランク（Frank 1978）は，生産様
式と資本蓄積が労働者の搾取を要するというマルクスの基本テーゼ
にもとづき，世界大で展開した資本主義システムにおける不均等な
国家間関係を分析した．その中心概念は国際分業に規定された不等
価交換である．そこには，先進国に対応する中枢／中心と，途上国
に対応し，多くが旧植民地でもある衛星／周辺という二項対立関係
が存在する．以下，前節で紹介した各概念を従属理論に敷衍して論
じてみたい．

農村の疲弊と過剰都市化　　過剰都市化は国家間ならびに農村−都市間の不均等発展の所産である．世界経済において途上諸国は周辺資本主義を構成する．近代化の過程で国内の「周辺」に市場経済が浸透した結果，農村経済が解体し，農村部は原材料の供給基地として世界市場に接合された．そして，プランテーションなどの商業的農業生産に農民が組み込まれることで，（半）自給自足経済とそれを支える社会的紐帯の解体がみられた．こうして生存維持手段を失った農民たちが都市に「押し出され」てきた（Beall and Fox 2009）．

過剰都市化と首位都市　　19世紀のヨーロッパでは，都市の余剰人口が地方都市での工業化にたいする産業予備軍になりえたが，途上国では地方都市の産業化が不十分であった（Mingione 1981）．途上国は外国資本に従属しながら発展し，その牽引役は首位都市である．現在の首位都市の多くは，宗主国による収奪の拠点として，植民地都市として独立前から港湾を中心に発展した．旧宗主国の権力の所在地たる植民地都市は，独立後の国民統合の過程でも政治的統制の中心でありつづけた（駒井 1989）．

住宅問題とポピュリズム　　スラムや不法居住地区の形成と政治的権力の関係については，おもにラテンアメリカを対象にした研究の蓄積がある．たとえば，マニュエル・カステルは膨張する都市人口にたいして市場経済や国家が住居と公共サービスを提供できない状態を意味する「都市マージナリティ」の構造を分析している．もともとマージナリティとは，貧困者全般，失業者，移民，人種やエスニック・マイノリティの成員，逸脱者を意味する概念で，これらを一括するカテゴリーこそが貧困地区での居住であった（駒井 1989）．カステルは都市マージナリティの所産としての不法占拠者の増大と，1970年代に台頭した軍事政権との関連に着目する．そこで跋扈したポピュリズムは，土地や住宅の配分を通じて貧困層の

政治的統合を図った．たとえば，企業家階級を構成する開発業者が
スラムや不法占拠地区の再開発に着手する際，居住権を争点とした
住民運動が展開するわけだが，そこで支配の正当性担保を目的とし
た住民の政治的動員が広範にみられた（Castells 1983）．

　インフォーマル・セクターの膨張　　「貧困の共有」を通じた余
剰労働力の吸収は，伝統的経済システムの根幹をなすものと理解さ
れている．従属理論に基礎をおく都市研究では，この特質が農村部
では小農経済に，都市部ではバザール経済，つまりインフォーマ
ル・セクターにみられ，企業型資本主義経済と対置されるものであ
るとされてきた．そして，こうした不安定なサービス部門の肥大化
こそが多くの途上国にみられた経済発展の失敗の帰結であり，過剰
都市化が進むことで政治的・経済的不安定をもたらす要因として論
じられた（駒井 1989; 伊豫谷 1993）．

　一方では，途上国都市のスラムには「死んだ資本」，つまり膨大
な人的資本やその商品化を進めるうえで有効な住民間の信頼や相互
扶助があり，インフォーマル・セクター内での起業家育成と彼／彼
女らの市場経済への統合を図るとする新自由主義的な主張と，それ
への批判が繰り広げられている（Beall and Fox 2009; Davis 2006;
Elyachar 2005）．とはいえ，過剰都市化の所産であるインフォーマ
ル・セクターには，不安定就労や低収入に加え，労働組合を通じた
組織化の困難という構造的問題がある．団体交渉権の不在は，イン
フォーマル・セクターが仲介人や手配師による搾取の温床となるこ
とを意味する（Breman 2004）．

　以上のように，従属理論は途上国の都市化に関する理論形成に貢
献した．とはいえ，1980 年代以降顕著になった一部諸国の経済成
長は，その実効性の一部を失わせることになった．

11.3　アジア・アフリカ・ラテンアメリカの経済成長

アジア都市の多様性　　1990年と2009年のスラム人口を比較すると，トルコでは23.4％から13.0％，中国では43.6％から29.1％，インドでは54.9％から29.4％，フィリピンでは54.3％から40.9％，バングラデシュでは87.3％から61.6％といずれも減少がみられるが（UN-Habitat 2013），一部を除きアジアの発展途上国ではスラム住民は厚い層を形成している。

　もはや途上国ではないが，韓国，台湾，香港，シンガポールなど，かつてアジアNIESとよばれた諸国・地域では1970〜90年代にスラム・クリアランスが大規模に進められ，高層住宅の建設を通じた住宅問題の解決が図られた。たとえば，シンガポールでは独立直後の1965年には人口の約3分の1が不法占拠地区の住民であったが，政府が積極的に公共住宅の割りあてを進めた。その結果，住宅問題は大幅に解消され，2000年代前半の時点では総人口の約86％が公共セクターにより建設された住宅に居住している（世界銀行 2008）。

　韓国も都市貧困と住宅問題の解消が広くみられた例である。韓国は1960年代後半以降，輸出指向型工業化の結果，向都離村や首位都市化，スラムの形成が先鋭化した。しかしながら，橋谷弘は韓国の都市化が以下の点で他の途上諸国と異なるとする。まず，貧困層の雇用の受け皿として大企業や多国籍企業での不安定就労が拡大した点である。しかしながら，当時の韓国ではすでに男性の建設労働者の場合，企業の下請けによる機械化された就労がみられ，女性の家内労働者の場合も輸出向け衣服等の生産に従事していた。つぎに，消費におけるフォーマル部門とインフォーマル・セクターの流動性である。たとえば，都市貧困層による百貨店等での購買行動も1990年代にはさほど珍しくなくなった（橋谷 1995）。

　それにたいして，他の多くのアジア諸国では経済成長による都市

貧困の解消には向かわなかった．この点に関して，青木秀男はマニラでの調査をもとに，フィリピンでは今世紀に入っても都市の貧困が増大傾向にあると結論づけた．彼は新国際分業の浸透とサービス経済化により不安定就労層が増加するとともに，インフォーマル・セクターが肥大化していることを指摘する．その背景として，①フォーマル部門に直接依存する職種（清掃，警備，門衛，運転手など，企業に雇用されるサービス職）が期間雇用で，インフォーマル・セクターに準じた劣悪な労働環境と賃金におかれている点，②フィリピンにおける政治権力の基盤がグローバル資本主義にたいして脆弱な点，③工業形成の基盤が弱く，近代的な労働者の形成が未成熟な点をあげている（青木 2001）．

　また筆者も，インドの都市スラムでの調査を通して，経済成長がインフォーマル・セクターのもとに成り立っている点を指摘した．たとえば，基幹産業であった綿工業が衰退し，従来，工員が担っていた生産工程の多くが，手配師を介してスラムの作業場で働く女性たちに請け負われている強度搾取がそれである（佐藤 2012）．

　アフリカの都市と構造調整　　アフリカにおいても都市化の程度，経済発展の水準，スラム人口の割合に大きな相違がみられる．たとえば，1990 年と 2009 年のスラム人口はエジプトで 50.2％から 17.1％に，モロッコでは 37.4％から 13.1％と大幅に減少したのにたいし，エチオピアでは 95.5％から 76.4％，ナイジェリアでは 77.3％から 62.7％，ザンビアでは 57.0％から 57.3％と分厚い人口層を形成している．

　とはいえ，北アフリカ諸国とサハラ以南アフリカ諸国には共通する特徴がある．それは，1980 年代から 1990 年代にかけて多くの諸国が経済危機を経験し，経済再建の一環として，世界銀行や国際通貨基金（IMF）の主導による構造調整プログラムを受け入れたことである．大都市での国営企業の民営化や通貨の下落にともなう消費

物価の上昇は，多くの失業者を生みだした．たとえば，ザンビアでの長期にわたる調査を手がけてきた小倉充夫によると，経済危機以降，自家消費用の農業生産を通じて生存維持を図る帰村者が生じるとともに，地方都市で発展しつつある零細商工業に吸収される労働者もみられるようになった（小倉 2009）.

　一方，1990 年代にカイロの再定住地区で民族誌的調査をおこなったジュリア・エルヤシャールによると，世界銀行が大卒の若年失業者やインフォーマル・セクターの就業者にたいして起業家育成を図り，彼らにたいする小口融資のために NGO が動員された．しかしながら，修理工や職工からなる零細「起業家」たちが，グローバル市場に統合された都市経済で収入の拡大を図ることは容易ではない（Elyachar 2005）.

ラテンアメリカの従属的発展　　ラテンアメリカでの都市化の特徴は首位都市の形成にある．小規模な土地所有による農業から大規模な商業的農業への転換による農村経済の解体，諸制度や資源の地域的不均衡が，都市の一極集中現象を生みだした（Sassen 2019）.カリブ海地域を含む中南米地域での都市化率は 1995 年には 73.0％，2015 年には 79.8％と，発展途上地域全体の 37.4％，49.0％（同年比）と比べてはるかに高い（UN-Habitat 2016）.1990 年から 2014 年のスラム人口の推移は，ボリビアでは 62.2％から 43.5％，ペルーでは 66.4％から 34.2％，メキシコでは 23.1％から 11.1％，アルゼンチンでは 30.5％から 16.7％，ブラジルでは 36.7％から 22.3％となっている.

　ラテンアメリカ諸国は 1980 年代から 2000 年代初頭にかけて繰り返された債務危機を契機に，IMF や世界銀行の介入による構造調整を受け，民営化を進めてきた．しかしながら，民営化と外国企業の進出は現地雇用を大幅には創出せず，1980 年代初頭までの輸入代替工業化——外国から輸入していた製品を国内での生産で部分

的に自給化すること——のなかで成長した小規模・零細の自営業は打撃を受け，多くの失業者とインフォーマル・セクターの膨張をみた（Roberts 2005）．ブライアン・ロバーツは，新自由主義政策下にあった1990年代のラテンアメリカにおける都市貧困を比較する．たとえば，社会保障制度が相対的に整備されていたアルゼンチンやウルグアイでは失業者が増加した一方で，政府による市場介入や社会保障の程度が低いメキシコではインフォーマル・セクターが雇用の受け皿になった（Roberts 2005）．

さらに，ロバーツとアレハンドロ・ポルテスは，各国における貧困層の集合的行為を比較している．アルゼンチンやウルグアイでは1990年代半ば以降，経済危機を嚆矢とした新貧困層たる失業者たちによる労働争議や路上での抗議運動が展開した．こうした運動の原動力は，すでに多くが解体した労働組合をベースにした組織化の経験である．一方，ペルーやブラジルでは居住問題を中心に開発援助を受けたNGOが大きな役割をはたした．チリでは低所得層の居住問題が大きく改善し，現在では廃棄物処理等の問題を争点とした住民運動など，先進国と類似した運動が生起するようになった．こうした運動の原動力は，過去の不法占拠民による居住改善や居住権の要求運動である（Roberts and Portes 2006）．

11.4　都市のグローバルな再編成

産業構造の変化と貧困　　1990年代半ば以降，途上国都市をとりまく状況は大きく変化した．経済成長によって都市中間層の台頭がみられてきた．しかし，経済成長によりインフォーマル・セクターがなし崩し的に縮小していくという図式は，一部諸国を除いて成立しない．

途上国の都市は開発援助の舞台である．また，外資系企業の進出とそれを支える政府の政策的介入の舞台でもある（新田目 2010）．途

上国の都市，とくに大都市はいまや「成長マシーン」なのである．その嚆矢となったのは，世界銀行による『世界開発報告1994』である．そこでは社会資本の整備と開発について，官僚制の解体と自由市場原理の導入が強調され，国家の役割は貧困層の基本的ニーズを確保するうえで重要であるが，民間セクターがサービス供給に積極的に関与することが謳われた（世界銀行 1993）．

　中間層の台頭は建造環境の整備を後押しし，この層でみられる消費社会化は都市の中心業務地区のみならず，大型商業施設が立地する郊外の成長をもたらした（新田目 2010）．

　途上国都市の郊外化は，サービス産業化と密接な関係にある．この点を貧困層の就労の観点から検証した青木は，フィリピン都市部の建設ブームが情報産業や消費産業にも支えられており，それぞれの産業で「インフォーマル・セクター待遇の」非正規雇用が生みだされている現状を指摘する．そのうえで，図11-1でみたような「過剰都市化」の所産としての都市雑業の実態を分析するのみならず，外国資本の消費・情報産業への進出によって都市が国際分業体制の結節点となり，さらにはこうした「世界都市化」によって新しい貧困が生産される過程を検証した（青木 2001, 2013）．

　中間層と都市空間の再編　　早くから都市化が進んだラテンアメリカを除き，いまだ農村人口が多数を占める途上諸国，たとえばインドでは農業の補助金や雇用創出などを通した貧困層の政治的動員が展開していった．しかしながら，近年の都市中間層の拡大は，これまで政治的舞台の中軸には存在しなかった彼／彼女たちの政治的発言力の増大を生みだした．こうした層の間で進行する消費社会化は，都市の「衛生化」にたいする集合的な要求にもつながっている．この点に関して，アミータ・バヴィスカールはデリーの露天商・行商人の立ち退きに関する調査のなかで「ブルジョア環境主義」に着目し，公共空間の美観を「損ねる」貧困層に対して排他的な運動が

都市中間層の間で展開し，さらにその声が新自由主義的な都市計画に反映されていった経緯を記録している（Baviskar 2003）．

　こうした都市空間の近代化への渇望は，ポスト植民地社会における国家の社会への権威主義的な介入をも促している．とりわけ，「シンガポール化」を進めるインドの大都市において，都市の改称（たとえばボンベイからムンバイ）や街頭の看板やポスターに投影される政治家（過去ならびに現在）の肖像画は，植民地支配の遺産を払拭しようとするナショナリズムによって支えられている（Nair 2005）．さらに，「後進性」の象徴とされるスラムや露天商・行商人などのインフォーマル・セクターの労働者たちは立ち退きを余儀なくされている．

　土地占拠の「非合法性」は市民の属する階級的位置によって意味が異なる．たとえば，インドの大都市では，大型商業施設や都市型農園の建設が，マフィアの介在により政府の所有地で無許可でなされている．「目障りな」スラムの住民たちが「二等市民」として扱われる一方で，これらの「世界クラス」の外観をもつ非合法の開発は正当化される（Roy 2011）．

　途上国の都市は，従属理論にもとづく都市研究が論じてきた古典的な開発問題を引きずりながらも，グローバル経済の結節点として国家の経済成長の原動力となっている．階層構造が流動化するなかで，台頭する都市中間層と膨大な貧困層との間の社会的矛盾は先鋭化している．植民地支配から独立後の従属的発展を経てグローバル化にいたるまでの都市社会の構造と変動の分析こそが，途上国を対象とした都市社会学に求められるゆえんである．

参照文献

青木秀男 2001「世界都市マニラと〈新貧困層〉——途上国都市の貧困層研究の視座転換にむけて」『日本都市社会学会年報』19.

青木秀男 2013『マニラの都市底辺層——変容する労働と貧困』大学教育出版.

新田目夏実 2010「アジア都市の現在——グローバル化と都市経済, コミュニティ, 文化の変容」『日本都市社会学会年報』28.

伊豫谷登士翁 1993『変貌する世界都市——都市と人のグローバリゼーション』有斐閣.

小倉充夫 1982『開発と発展の社会学』東京大学出版会.

小倉充夫 2009『南部アフリカ社会の百年——植民地支配・冷戦・市場経済』東京大学出版会.

加納弘勝 1996『第三世界の比較社会論』有信堂高文社.

駒井洋 1989『国際社会学研究』日本評論社.

佐藤裕 2012「グローバル化と慢性的貧困——開発社会学の視点から」『国際開発研究』12(1/2).

世界銀行 1993『世界開発報告1994——開発とインフラストラクチャ』(世界銀行東京事務所訳) イースタン・ブック・サービス.

世界銀行 2008『世界開発報告2009——変わりつつある世界経済地理』(田村勝省訳) 一灯舎.

新津晃一 1989「現代アジアにおけるスラム問題の所在」新津晃一編『現代アジアのスラム——発展途上国都市の研究』明石書店.

橋谷弘 1995「韓国における都市貧困層」幡谷則子・小島麗逸編『発展途上国の都市化と貧困層』アジア経済研究所.

Baviskar, A. 2003 "Between Violence and Desire : Space, Power, and Identity in the Making of Metropolitan Delhi", *International Social Science Journal* 55.

Beall, J. and S. Fox 2009 *Cities and Development*, Routledge.

Breman, J. 2004 "The Informal Sector", V. Das (ed.), *Handbook of Indian Sociology*, Oxford University Press.

Castells, M. 1983 *The City and the Grassroots : A Cross-cultural Theory of Urban Social Movements*, Edward Arnord. 石川淳志監訳, 吉原直樹他訳『都市とグラスルーツ——都市社会運動の比較文化理論』法政大学出版局, 1997.

Davis, M. 2006 *Planet of Slums*, Verso. 酒井隆史監訳, 篠原雅武・丸山里美訳『スラムの惑星——都市貧困のグローバル化』明石書店, 2010.

Elyachar, J. 2005 *Markets of Dispossession : NGOs, Economic Development, and the State in Cairo*, Duke University Press.

Frank, A. G. 1978 *Dependent Accumulation and Underdevelopment*, Macmillan. 吾郷健二訳『従属的蓄積と低開発』岩波書店, 1980.

Hart, K. 1973 "Informal Income Opportunities and Urban Employment in

Ghana", *Journal of Modern African Studies* 11.

Mingione, E. 1981 *Social Conflict and the City*, Basil Blackwell. 藤田弘夫訳
　　『都市と社会紛争』新泉社, 1985.

Nair, J. 2005 *The Promise of the Metropolis : Bangalore's Twentieth Century*,
　　Oxford University Press.

Roberts, B. R. 2005 "Globalization and Latin American Cities", *International
　　Journal of Urban and Regional Research* 29(1).

Roberts, B. R. and A. Portes 2006 "Coping with the Free Market City :
　　Collective Action in Six Latin American Cities at the End of the Twentieth
　　Century", *Latin American Research Review* 41(2).

Roy, A. 2011 "Slumdog Cities : Rethinking Subaltern Urbanism", *International
　　Journal of Urban and Regional Research* 35(2).

Sassen, S. 2019 *Cities in a World Economy* (5th ed.), Sage Publications.

UN-Habitat 2013 *State of the World's Cities 2012/2013 : Prosperity of Cities*,
　　United Nations Human Development Programme.

UN-Habitat 2016 *Urbanization and Development : Emerging Futures-World
　　Cities Report 2016*, United Nations Human Settlements Programme.

（佐藤　裕）

第12章　世界都市の成立と格差の拡大

　グローバル化と情報化の進展によって都市はその存在意義を失う
のか．国境をこえた資本や人の動きが活発になり，多国籍企業が世
界経済の主要なアクターとして台頭した 1980 年代，もはや都市は
重要ではなくなり場所性は消滅しつつあると考えられていた．そこ
に登場した世界都市論は，都市の意義低下や空間の絶滅を信じる
人々に驚きをもって迎えられた．それはグローバル経済の発展と情
報技術の進歩によって都市はますます重要な拠点になっている，と
主張したのである．

12.1　世界都市への注目

　世界都市論という視点　　本章では，1980 年代に登場したジョ
ン・フリードマンとサスキア・サッセンの世界都市論について概説
する．最初に世界都市論が登場した背景を説明したうえで，次節で
はサッセンの議論をもとに，都市の新たな戦略的役割と都市内の社
会秩序の 2 点から世界都市論の理解を試みる．経済活動の地理的な
分散とグローバルな統合という相矛盾する力のダイナミクスのもと
で都市は「世界経済の指令搭」という新たな役割を担うようになり，
金融と生産者サービス業が都市に集積した．生産者サービス業と金
融の成長は世界都市の内部に経済的な二極化をもたらす要因となっ
ている．世界都市論は，資本が蓄積される成長の「中心」と排除さ

れ孤立した「周辺」にたいする複眼的な視点をもち，グローバルな資本主義経済が生み出す社会的なダイナミズムの総体を批判的な視点からとらえようとする試みである．フリードマンやサッセンが描く「世界都市」は決してバラ色ではないが，都市政策においては目指すべき目標と位置づけられている．最終節では，世界都市論が都市政策に与えた影響を簡単に述べ，理論的功績と社会への影響をまとめる．

フォーディズムの限界　　世界都市論が登場した背景には，1970年代から1980年代におきた政治経済の重要な転換があった．大量生産と大量消費を循環させることで資本蓄積を目指すフォーディズムは，1970年代に入り危機に直面する．資本はもはや一国内では過剰蓄積・過剰生産という問題を解決できなくなり，国外に新たな市場と労働力を求めた結果，国家にたいして資本の移動規制の撤廃を要求する圧力が高まった．金融規制の撤廃や労働市場の規制緩和，市場の改革等の政策にうながされ，1980年代以降，産業のグローバルな再編と金融のグローバル化が相互に影響しあいながら急速に進展し，経済のグローバル・ネットワークの形成へとつながっていく．都市の研究がグローバルな経済活動と直接関連づけられるようになったのもこの頃であり，世界都市論とよばれる一連の研究を生み出した．

世界経済の結節点としての都市　　世界都市論の中核をなすのはフリードマンとサッセンの議論である．フリードマンが1986年に発表した「世界都市仮説（The World City Hypothesis）」は，1970年代に世界経済をめぐる論争をリードした新国際分業論とイマニュエル・ウォーラーステインの世界システム論の流れをくんでいる．フリードマンは，世界経済への統合形式や程度と国際分業における機能分担が各都市の発展を規定し，新たな都市の階層構造をつくりだ

していること，世界都市化にともなって都市の経済的・社会的・物的な再構築がおき，都市問題が変質していることを7つの仮説に整理して示した（Friedmann 1986）．つづくサッセンの一連の研究（Sassen 1988, 1991）により，世界都市論は理論体系を確立していく．両者の研究は1990年代に花開く世界都市研究の土台となり，社会科学のさまざまな分野の研究者や政策立案者の目を再び都市に向けさせる端緒となった．

　フリードマンとサッセンの議論は，経済的な変数を重視し，グローバルな経済ネットワークの結節点として都市を位置づけるという分析視角において共通している．ただし，何をもって世界都市（の序列）を判断するかは両者で異なる．多国籍企業の本社部門の立地をもとに階層的な都市システムをとらえようとするフリードマンにたいし，サッセンは1950～60年代とは異なり本社部門はもはや重要ではなくなったと断じ，生産者サービスと金融に着目する．世界都市を"World City"と表記したピーター・ホールやフリードマンらにたいして，旧来型の世界都市と区別するためにサッセンは"Global City"という語を用いた．

12.2　世界都市の光と影

　サッセンは，ロンドン・ニューヨーク・東京という3つの世界都市の実証研究を行い，経済のグローバル化に応じて都市構造が再編される過程を描いた（Sassen 1991, 2001）．世界都市の特徴は3点である．

　「グローバルな支配能力」　第一に，世界都市はグローバルなネットワークを管理・統合する「グローバルな支配能力」をもつ．製造業の生産現場が地理的に分散するなかで，グローバルに広がる生産システムと労働力を組織化し管理する必要が生じた．このグロー

バルな支配能力を支えるのが生産者サービスである．生産者サービスは個人の消費者ではなく企業にたいして提供されるサービスであり，法律，会計，広告，情報処理サービス，FIRE 産業とよばれる金融・保険・不動産業等が含まれる．グローバルな支配能力は多国籍の大企業や銀行，政府だけのものではなく，生産者サービスを買うことで小企業もこの能力を手にすることができる．このため，大企業・大銀行を対象とする経済の国際化に関する研究とは異なり，サッセンはグローバルな支配能力が生産される場（すなわち，世界都市）や生産を担う労働のインフラに注目する．

金融と生産者サービスの集積　　第二に，第一の特徴と関連するが，世界都市は製造業にかわり生産者サービスと金融にとって重要な生産の場となっている．複雑化し高度に専門化した生産者サービスにとって重要なのは，サービスの買い手である企業への近さではなく，他の専門サービスへの近接性である．たとえば，経営コンサルティング会社は，遠方の顧客企業にサービスを提供できるが，サービスの生産に際しては法律，会計，システム設計，時には広告やデザインを手がける企業からの専門的な支援が必要になる．こうしたニーズが特定の都市への生産者サービス業の集積をもたらしている．対外直接投資の増大や金融商品の開発・取引など，金融のグローバル化・多様化もまた高度な専門的サービスを要請し，生産者サービス業の成長に寄与している．世界都市には金融と生産者サービスの産業複合体が形成され，成長をけん引するようになる．

社会的な分極化　　第三に，生産者サービス業と金融業の成長が世界都市内部に社会的分極化を生み出している．これらの成長産業は，専門サービス企業で働く弁護士や経営コンサルタント，システム設計者など，非常に高賃金の専門職・管理職を生み出す．同時に，非熟練で低賃金の職種も増加している．高層ビルのメンテナンス・

清掃や警備，多忙なエリート層に代わって家事育児を代行するメイドやベビーシッター，高級レストランのボーイなどのように，高賃金の専門職・管理職の嗜好に応え，その仕事や生活を支える職種である．そしてこうした低賃金の職種が移民の受け皿となっている．フォーディズムのもとでは製造業の成長により分厚い中間層が形成されたが，グローバル化とサービス産業の成長は都市に経済的な二極化と社会的な分極化をもたらしている．

　サッセンが描く世界都市は光に満ちた華々しい成功例では決してない．分散と統合，成長と衰退，中心と周辺という矛盾する諸力をその内に含み込んだ世界の縮図である．

12.3　試金石としての東京

　東京は世界都市といえるのか　これまでに国内国外を問わず多くの研究者が議論を重ねてきた．世界都市が「世界的な」現象であるというためには，旧来の覇権システムから断絶している必要があり，ニューヨーク，ロンドンの経験を「世界的な」経験へと架橋していく実例として東京が求められた（町村 2006）．東京は，世界都市論の真価を占う試金石となったのである．

　東京の実証研究によって明らかになったのは，ニューヨークやロンドンとは異なる東京の姿であった．生産者サービス業は期待されるほどには集積しておらず，製造業がいまだ根強い．政府による規制が強いため，海外からの投資が抑えられ，移民は制限されている．結果として，他の2都市ほどには格差拡大や分極化はおきていない．園部雅久は統計データの分析結果をふまえ，東京に分極化の兆しはみられるがロンドンやニューヨークほどではなく，世界都市論はむしろ「警鐘モデル」としてとらえるべきだと主張している（園部2001）．東京がニューヨークやロンドンのような政治経済体制に移行すれば，同じように分極化の道を歩むだろう，と．また，町村敬

表12-1　東京都区部における生産者サービス業の従業者数

	1991年	2001年	2016年
従業者総数	7,394,166 (100.0%)	7,134,941 (100.0%)	7,550,364 (100.0%)
生産者サービス業	1,667,484 (22.6%)	1,899,749 (26.6%)	2,150,743 (28.5%)
金融・保険業	462,639 (6.3%)	356,305 (5.0%)	376,068 (5.0%)
不動産業	203,048 (2.7%)	196,184 (2.7%)	255,858 (3.4%)
その他生産者サービス業	1,001,797 (13.5%)	1,347,260 (18.9%)	1,518,817 (20.1%)
情報サービス・広告業	335,405 (4.5%)	430,134 (6.0%)	577,877 (7.7%)
専門・技術サービス業	296,636 (4.0%)	345,662 (4.8%)	343,339 (4.5%)
協同組合	8,341 (0.1%)	10,244 (0.1%)	1,563 (0.0%)
その他の事業サービス業	276,991 (3.7%)	483,715 (6.8%)	518,982 (6.9%)
宗教	23,390 (0.3%)	20,291 (0.3%)	18,959 (0.3%)
政治・経済・文化団体	53,210 (0.7%)	52,503 (0.7%)	54,189 (0.7%)
その他のサービス業	7,824 (0.1%)	4,711 (0.1%)	3,908 (0.1%)
生産者サービス業の対全国シェア	21.7%	22.5%	22.7%

出所）　1991年は「事業所統計調査」，2001年は「事業所・企業統計調査」，2016年は「経済セン
　　　サス」について，産業小分類をもとに著者作成．
注）　生産者サービス業の内訳については，Sassen（2001）の巻末の別表Aを参照．

志は，東京の構造再編が進んだ要因のひとつとして，経済成長を追い求める国家や自治体，財界等の「連合」による世界都市戦略の選択をあげる（町村 1994）．都市の構造再編は，経済のグローバル化の一方的な帰結というより，さまざまなアクターのせめぎ合いのなかで世界都市戦略が選び取られた結果でもある．

1990年代以降の東京の変容　　1990年代までの東京を対象としたこれらの研究は，東京がグローバル化の圧力を受け，部分的にはニューヨークやロンドンとの類似性がみられるものの，独自の展開をしていることを示した．その後，東京はどのように変化したか．統計データをもとに，生産者サービス業の集積と社会構成に関する

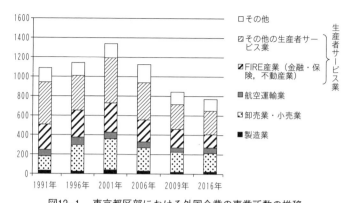

図12-1　東京都区部における外国企業の事業所数の推移

出所)　1991年は「事業所統計調査」, 1996年および2001年は「事業所・企業統計調査」,
　　　2006年以降は「経済センサス」より, 産業中分類をもとに著者作成.

1990年代以降の変化を簡単に確認しておこう.

　東京都区部における生産者サービス業の従業者数は, 1990年代
以降増加の一途をたどり, 2016年には従業者総数の3割近くに達
している (表12-1). また, 対全国シェアも増加傾向である. 生産
者サービス業のなかでは情報サービス・広告業とその他の事業サー
ビス業 (建物メンテナンスや労働者派遣業など) の伸びが著しい. 他方
で, サッセンが重視したFIRE産業 (金融・保険業, 不動産業) につい
ては, 1990年代のバブル崩壊後の不況期に従業者数が減少し, 東
京でミニバブルが発生した2000年代にやや回復した. FIRE産業
の動向は, グローバル化の影響というより国内の景気に左右されて
いるといえる.

　東京都区部の外国企業の事業所数は, 1990年代に増加したが,
2001年をピークに減少しており, 卸・小売業と生産者サービスの
動向が大きく影響している (図12-1). 特に卸・小売業は1990年代
に事業所数が倍増し, 2000年代には減少したものの他業種よりも
小さな減少幅にとどまり, 2016年の事業所数は全産業の4分の1

を占めるまでに至っている.

　外国企業のなかで生産者サービス業は依然として大きな存在感を示している. しかし, 生産者サービス業が全産業に占める比率は1991年の63.8％から2016年の49.4％にまで減少した. なかでもFIRE産業は2009年から2016年に事業所数を3割減らした. この時期, 海外の金融資本の業務縮小や日本からの撤退が相次いだ. 東京がアジアの中にしめる位置は, 1990年代以降, 金融センター機能, 多国籍企業の中枢管理機能のいずれからみても相対的に低下している (矢部 2018). リーマンショック以降にみられた海外の金融資本の撤退は, アジアの中の金融拠点としての位置を香港やシンガポール, 上海等に奪われていることを示唆している.

　職業構成の変化　　東京都区部における生産者サービス業の集積は1990年代以降緩やかに進んでいる. しかし, 1990年代までの東京研究が指摘したように, 金融・保険業が分厚いニューヨークやロンドンとは明らかに異なり, それが都市内部の社会構成の違いとなって表れている. 1990年代以降の東京都区部における従業者数の変化を職業別にみると, 専門技術職の増加と管理職, 販売職, 技能・建設・労務の減少に特徴がある (表12-2).

　専門技術職のなかでは技術者と保健医療・福祉職がこの25年間で顕著な増加を示し, この2つをあわせると専門技術職の過半を占める. 弁護士や公認会計士を含む法務・経営専門職は増えているものの, 従業者数に占める比率はいまだ小さい. 東京都区部における専門技術職の増加は, 建設業や製造業の技術者と医療・福祉の対個人サービスが中心で, 企業の「グローバルな支配能力」を支える専門サービスの拡大ではないといえる.

　また, 技能・建設・労務のなかでは, 技能工がこの25年間で構成比を急減させ, 相対的に労務作業者の存在感が増している. 販売職は平均所得でみると社会階層の中間層に位置しており (表12-3),

表12-2 東京都区部における職業別の従業者数の推移

	1990年	2000年	2015年	比率の変化 (1990〜2015年)
管理経営職	265,814 (6.0%)	179,854 (4.2%)	131,770 (3.3%)	−2.7
専門技術職	608,651 (13.7%)	673,972 (15.8%)	754,620 (19.0%)	5.3
研究者	9,953 (0.2%)	12,153 (0.3%)	10,510 (0.3%)	0.0
技術者	169,520 (3.8%)	193,093 (4.5%)	240,570 (6.0%)	2.2
保健医療・福祉職	143,811 (3.2%)	172,492 (4.0%)	197,680 (5.0%)	1.7
法務・経営専門職	16,234 (0.4%)	18,492 (0.4%)	25,810 (0.6%)	0.3
教員	75,694 (1.7%)	68,412 (1.6%)	68,690 (1.7%)	0.0
文化・芸術関係	125,360 (2.8%)	135,433 (3.2%)	110,380 (2.8%)	0.0
その他専門・技術職	68,079 (1.5%)	73,897 (1.7%)	100,980 (2.5%)	1.0
事務職	1,081,591 (24.3%)	1,025,426 (24.0%)	964,530 (24.3%)	−0.1
販売職	789,023 (17.8%)	767,400 (18.0%)	528,340 (13.3%)	−4.5
サービス職	423,740 (9.5%)	455,604 (10.7%)	404,940 (10.2%)	0.6
保安職	50,309 (1.1%)	53,701 (1.3%)	55,770 (1.4%)	0.3
農林漁業職	10,808 (0.2%)	9,799 (0.2%)	6,540 (0.2%)	−0.1
運輸通信職	150,129 (3.4%)	140,947 (3.3%)	94,850 (2.4%)	−1.0
技能・建設・労務	1,006,457 (22.6%)	827,004 (19.4%)	568,350 (14.3%)	−8.4
技能工	660,175 (14.9%)	494,514 (11.6%)	248,480 (6.2%)	−8.6
採掘作業者	365 (0.0%)	707 (0.0%)	50 (0.0%)	0.0
建設作業者	150,589 (3.4%)	127,685 (3.0%)	74,160 (1.9%)	−1.5
労務作業者	195,328 (4.4%)	204,098 (4.8%)	198,450 (5.0%)	0.6
分類不能	58,176 (1.3%)	133,517 (3.1%)	514,790 (12.9%)	11.6
合計	4,444,698 (100.0%)	4,267,224 (100.0%)	3,977,290 (100.0%)	

出所) 「国勢調査」の職業小分類をもとに著者作成.

表12-3　東京都区部における職業別の平均所得

	全職業	管理職	専門技術職	事務職	販売職	サービス職	保安職	農林漁業職	運輸通信職	生産工程等	分類不能
2017年	447.1 (100.0)	888.9 (198.8)	537.2 (120.2)	501.9 (112.3)	456.4 (102.1)	196.3 (43.9)	409.1 (91.5)	260.1 (58.2)	385.5 (86.2)	297.0 (66.4)	282.0 (63.1)
2002年	410.8 (100.0)	907.4 (220.9)	522.8 (127.3)	417.4 (101.6)	434.8 (105.8)	216.3 (52.7)	437.1 (106.4)	276.6 (67.3)	419.6 (102.2)	316.5 (77.0)	165.6 (40.3)

出所）　総務省「就業構造基本調査」をもとに著者作成.
注1）　各年の上段は平均所得（単位：万円）．下段は全職業を100としたときの指数を示している.
　　2）　平均所得は，各所得階級の中央値にその階級の就業者数を掛けて導き出した．なお，50万円未満は25万円，1,500万円以上は2,000万円とみなした.

技能工も含めたそれら職種の従業者の減少は，中間層の縮小が確かにおきていることを示している．他方で，管理職の減少は社会階層の最上位の減少を意味する．専門技術職の平均所得やその増加を牽引する職種をみる限り，新たに増加した専門技術職が社会階層の最上位に位置するとは考え難い.

　1990年代以降の東京の変化は，サッセンらが論じた上下層の拡大による分極化というより，新たな階層構造の出現を示している．また，その変化はグローバル経済の浸透や国際金融センター化にともなうものではなく，むしろ，自営商店主の廃業やサービス経済の発展，情報化といった産業構造の転換とそれへの企業の対応の帰結と考えられる．東京がアジアの拠点としての役割を低下させていることもまた，東京がニューヨークやロンドンとは異なる道筋を経験する後押しをしているだろう.

12.4　世界都市論の展開と都市政策

　その後の世界都市論　　フリードマンやサッセンの世界都市論に刺激を受けた研究者たちは，東京を含めたアジアやラテンアメリカの都市で世界都市研究を試みた．それはやがて，世界都市の類型化や

比較研究，都市のネットワークの研究へと結実していく．

　サッセンらの議論はグローバル化の影響力を強調するあまり，あらゆる都市がグローバル化によって同じような産業構造の転換と経済的・社会的分極化を経験し，ひとつの方向へ収斂していく，と主張しているように聞こえる．しかし，サッセンらの世界都市論を適用した研究は，グローバル化の影響が都市によって異なり，多様な世界都市が存在しうることを見出した．加茂利男は，世界都市としての東京の優位性は日本の分厚い製造業に支えられていると指摘し，国際金融センターとして世界中の富が流れ込む資本吸収型のニューヨークやロンドンにたいして，東京を国内企業が生み出した富を海外へ送り出す資本輸出型の世界都市と位置づけている（加茂 2005）．また，リチャード・C. ヒルとキム・ジュンヌによれば，市場における競争が経済を牽引するニューヨークにたいして，東京は国家の成長戦略のもとで発展してきたのであり，都市構造の背後にある政治経済体制によって世界都市の多様性を説明する（Hill and Kim 2000）．ヒルらの議論を経て，世界都市をめぐる議論は新しい段階へ到達した．その後の世界都市論は，①経済中心の分析から国家や社会制度といった政治・制度的な要因を加味した分析へ，②グローバル化の一般的な帰結を示す収斂モデルから都市の歴史的な発展経路により独自かつ多様な発展がありうることを示す多系化モデルへ，と展開している．

　都市政策と都市ランキング　　最後に，世界都市研究と都市政策との関連をみていこう．世界都市研究は，新自由主義的な政策転換のなかで都市の競争イデオロギーないし開発イデオロギーとして利用されるようになる（町村 2002）．

　世界都市論は，そもそもの出発点から現実の都市政策と深い関わりをもっている．フリードマンらがみたニューヨークは 1970 年代から「世界都市」という言葉を市の政策のなかで使い，世界都市と

しての地位を確立してきた．1970年代の資本主義の危機下で，人口減少と企業の流出，財政難に直面したニューヨーク市は，危機から脱するために金融の自由化，都市再開発の規制緩和，ウォーターフロントの再開発などの都市再生戦略を推し進める．そのキャッチフレーズとして「世界都市」という言葉が用いられた．1980年代にはロンドン，パリや東京のような先進国の首都が世界都市になることを目指した．世界都市論の隆盛とともに，先進国の第2位都市，さらに途上国や東欧の都市にも，世界都市としての地位確立を目指し，臨海開発や国際的なスポーツイベントの誘致などを進める「'なりたがり'世界都市（'wannabe' global city）」（Short and Kim 1999）が増えている．

　フリードマンが唱えた世界都市の階層性は，「世界都市は階層構造をもつ可能性が高い」という仮説からはじまり，世界経済との結びつきから都市の現状や他都市との関係を理解しようという学問的な試みであった．そこには，目まぐるしく変化する階層構造を確定するより，都市間の格差の概略を認識したうえで，個々の世界都市の分節および連接の実態について比較論的に検討するほうがはるかに有益だという認識があった（Friedman 1995）．

　この試みがいつしか単なる「都市ランキング」論にすりかえられ，都市の序列を上げることを目指す都市政策へと接続されていく．2008年から発表されているアメリカの経営コンサルティング会社A. T. カーニー社による「世界都市指数（Global Cities Index）」や森記念財団による「世界の都市総合力ランキング（Global Power City Index）」はそうしたランキングの一例である．そして東京都は『東京構想2000——千客万来の世界都市をめざして』で，アジアの諸都市の競争力を自らと比較して都市政策の方針を検討している．このような政策や開発現場での動きの一方で，近年，世界都市の階層性に関する研究は減少傾向にあり，都市間の水平的なネットワークや都市の範域を超えた「グローバルな都市地域（グローバル・シテ

ィ・リージョンズ）」（Scott 2001）に研究者の関心が移っている．

　フリードマンやサッセンの世界都市論は，政策立案者らの目を都市に向けさせ，新自由主義的な都市政策を正当化する役割を果たした．国家の成長の道具として都市を用いようとする風潮とは裏腹に，サッセン自身は，1980 年代以降の世界都市の成長とかつての都市の成長とは断絶があり，もはや都市の成長は国の成長をもたらすとは限らないと述べている（Sassen 2001）．なんとも皮肉なことである．サッセンらの世界都市論にたいしては，経済偏重で都市の独自性・多様性を考慮しないという批判もあった．だが，最大の功績はグローバル経済に包摂された都市がどのような変化を経験するか，その変化を見極めるための分析枠組みを用意し，世界中の研究者たちが共通に議論できる土台を提供したことであろう．

参照文献

加茂利男 2005『世界都市——「都市再生」の時代の中で』有斐閣.

園部雅久 2001『現代大都市社会論——分極化する都市？』東信堂.

町村敬志 1994『「世界都市」東京の構造転換——都市リストラクチュアリングの社会学』東京大学出版会.

町村敬志 2002「世界都市からグロバーバルシティへ——「世界都市」東京の20 年」梶田孝道・宮島喬編『国際社会Ⅰ　国際化する日本社会』東京大学出版会.

町村敬志 2006「グローバリゼーションと都市空間の再編——複数化していく経路への視点」似田貝香門他編『越境する都市とガバナンス』法政大学出版局.

矢部直人 2018「世界都市の都心空間」佐藤廉也・宮澤仁編『現代人文地理学』放送大学教育振興会.

Friedmann, J. 1986 "The World City Hypothesis", *Development and Change* 17 (1). 町村敬志訳「世界都市仮説」町村敬志編『都市の政治経済学』日本評論社，2012.

Friedmann, J. 1995 "Where We Stand : A Decade of World City Research", P. L. Knox and P. J. Taylor（eds.），*World Cities in a World-System*, Cambridge University Press. 廣松悟訳「世界都市研究の到達点——この 10 年間の展

望」P. L. ノックス／P. J. テイラー編『世界都市の論理』(藤田直晴訳編) 鹿島出版会, 1997.

Hill, R. C. and J. W. Kim 2000 "Global Cities and Developmental States : New York, Tokyo and Seoul", *Urban Studies* 37(12).

Sassen, S. 1988 *The Mobility of Labor and Capital : A Study in International Investment and Labor Flow*, Cambridge University Press. 森田桐郎他訳 『労働と資本の国際移動──世界都市と移民労働者』岩波書店, 1992.

Sassen, S. 1991 *The Global City : New York, London, Tokyo*, Princeton University Press.

Sassen, S. 2001 *The Global City : New York, London, Tokyo*, 2nd ed., Princeton University Press. 伊豫谷登士翁監訳, 大井由紀・高橋華生子訳『グローバ ル・シティ──ニューヨーク・ロンドン・東京から世界を読む』筑摩書 房, 2008.

Scott, A. J. ed. 2001 *Grobal City-Regions : Trends, Theory, Policy*, Oxford University Press. 坂本秀和訳『グローバル・シティー・リージョンズ』ダ イヤモンド社, 2004.

Short, J. R. and Y. H. Kim 1999 *Globalization and the City*, Longman.

(上野淳子)

VII

マイノリティと都市

ロンドンのイーストエンド，露天商でにぎわう街角．かつての労働者街は今ではバングラデシュをはじめとした多様な民族の居住地になっている．この町を舞台とした「イーストエンダー」というテレビドラマでは，代理親や同性婚がテーマになっていた．（撮影: 玉野和志)

第13章　都市下層から照射する都市の姿
——ホームレスをめぐって

「都市とは異質な他者が出会う場所である」(Sennett 1970).

　われわれの社会にはさまざまな不平等が存在する. とりわけ都市では不平等のもとの貧困が目に見える形で現れる. また都市であるからこそ多様な人々が生存可能であるともいえる. 本章では, 都市の下層社会を日本の都市社会学およびその隣接領域がどのように捉えてきたのか, その研究動向を整理したうえで, とりわけ極度の貧困状態であるホームレスに焦点をあて, その経験から現代都市の姿を照射してみよう. なお, ここでホームレスとは, 恒常的な家や住所がない状態を指している. そのなかには路上や公園などの屋外で生活する野宿の状態もあれば, インターネットカフェや24時間営業の飲食店で寝たり, 公的および民間の福祉施設や宿泊所などで生活したりする状態も含まれる.

13.1　日本の都市下層に関する研究

フォーディズム期まで　　帝国主義期, 19世紀末〜20世紀初頭といえば日本では明治期である. 松方デフレや恐慌による農民層の分解などを背景として, 東京市では下層人口が膨張した. それを捉えて, 「貧民窟」や「スラム」などの下層社会のルポルタージュや調査報告が多く出された. 例えば新聞記者であった横山源之助は, 東京の貧民や職人, 手工業や機械工場の労働者の状態について, 統

計資料も用いつつ詳細に実証分析し，1899年に『日本の下層社会』を著した（横山 1949）．

　大正期から昭和初期になると，東京市や大阪市の社会局は，都市下層を「細民」「不良住宅地」「要保護世帯」などと多様にカテゴライズしながら，おびただしい数の調査を行った．新聞記者を経て東京市の職員であった草間八十男や，磯村英一も調査にたずさわった．磯村はスラムなどの「社会病理現象」の解決に強い関心をもち，シカゴ大学にてアーネスト・W. バージェスの指導のもとシカゴ学派の研究を吸収し，東京の分析を行った（磯村 1953）．その後，中川清はこれらの膨大な資料を利用し，日本の都市の近現代とは，伝統的な貧困層が地域から世帯へ，そして個人へと分散し，不可視化していく過程であったことを生活構造論の立場から明らかにしている（中川 1985）．

　フォーディズム期，日本の都市は高度経済成長期および成熟期を迎える．都市下層はたしかに存在していたものの，注目は減り，寄せ場（日雇い労働市場），被差別部落，炭鉱町，在日韓国・朝鮮人などのエスニック・コミュニティを対象とした研究が細々と行われた．研究は社会病理学的な視点が強調され，例えば大橋薫らは生活や意識の病理性を判定するという立場から都市下層社会を分析した（大橋 1962）．一方，江口英一らは，寄せ場の労働者を相対的過剰人口（失業および半失業の状態にある労働者）の典型として捉え，経済学の視点から日本の高度経済成長下の窮乏層の生活と析出メカニズムを検証した（江口他 1979）．

ポスト・フォーディズム期　　ポスト・フォーディズム期に入ると，青木秀男はそうした社会病理的な視点を批判し，都市下層とは都市の最底辺にあって階層的・空間的に隔離された人々であり，過酷な収奪と差別の要件が同時に課せられた人々や地域空間であることを指摘し，差別論からの都市下層論を展開した（青木 1989）．西

澤晃彦はさらに議論をすすめ，都市下層を，非組織・非定住を強いられ，なおかつ労働力化された存在様式と規定し，寄せ場やエスニック・コミュニティにおいて実証研究を行った（西澤 1995）．

　1990 年代に入りバブル経済が崩壊したのち，路上や公園で生活する野宿者が目に見えて増大した．そのメカニズムについて，経済不況による一時的なものではなく，失業の「受皿」とされてきた建設業の構造変容と寄せ場の弱化があったという（中根 1999；西澤 2000 他）．また，都市分極化論やアンダークラス論を援用しつつ，東京ではホームレス層が増大しているが，構造的にはまだ分極化の兆しの段階にあることが指摘されている（園部 2001）．

　一方で，野宿者への大規模な実態調査やフィールドワークが行われ，その社会関係やアイデンティティなどの生活世界に関する研究が積み上げられた（山口 1998；北川 2001；山北 2006 他）．また，それまで前提にされていた大都市の中高年男性のホームレスという典型からの議論を批判し，女性のホームレス研究が登場している（文 2006；丸山 2013）．さらに，寄せ場やホームレスをめぐる社会運動と資本主義空間のポリティクスに関する研究も深められている（原口 2011；林 2014 他）．

　一方，2002 年に「ホームレスの自立の支援等に関する特別措置法」（計 25 年間の時限立法）の成立など法整備がなされ，自治体や民間の支援が増大した．それを受けて，よりよい支援のあり方やサードセクター（民間の非営利団体）の役割についての研究が多くなされるようになった．大都市の自立支援システムの課題とソーシャルワークの意義を指摘する研究（麦倉他 2006），地方都市において NPO や市民，行政の協働（パートナーシップ）によるトータルサポートの重要性を指摘する研究などが出発点である（山崎他 2006 他）．

　社会的排除・包摂論の導入　　さらに日本社会ではいっそうの非正規雇用化がすすみ，とくに 2000 年代半ば以降，ワーキング・プ

アの増大など，格差や貧困が社会問題化されるようになった．こうした状況を捉える視点として，社会的排除・社会的包摂論が日本でも導入された．

　ポスト・フォーディズム期に入り，欧米の「先進国」では，経済のサービス化（脱工業化）の進行と福祉国家の危機，そしてグローバリゼーションの進展のなかで，階層の分極化がすすみ，若年層の雇用問題に代表されるような長期失業や不安定就労，ホームレス層や移民の増大などが強く問題視された．とりわけホームレス層については，若年層や家族世帯，女性などの増大が「ニューホームレス」と捉えられ，貧困の「再発見」がなされた．

　こうした諸問題をトータルに捉え，解決を模索する新しい用語として，社会的排除・社会的包摂の概念が登場した．イギリスの労働党政権（ブレア政権時）が 1997 年に「社会的排除対策室」をつくるなど，EU を中心に積極的に政策に取り込んだことなどから，広く流布した．アリ・マダニプールは，「社会的排除は多元的なプロセスと定義され，さまざまな形態での排除が結びついている」とする（Madanipour 1998）．日本では岩田正美が，貧困と社会的排除の概念を対比的に検討し，社会的排除は社会的諸活動への参加の欠如や複合的な不利を特徴とするが，社会の中の個人を問い，また社会そのものを問う点で有効性があるとし，日本のホームレスに適用した分析を行っている（岩田・西澤編 2005; 岩田 2008）．また，福原宏幸らは社会的排除・包摂をめぐる議論の全体像を整理し，日本の社会的排除の現状と課題についてケース・スタディを行っている（福原編 2007）．その他社会福祉学や経済学などを含めて，ホームレス研究は拡大・分岐している．

　こうした社会的排除・包摂論の隆盛を背景とした近年のホームレス研究の「アプローチの多元化」傾向について，堤圭史郎は，多様な属性的差異についての指摘は問題の具体的把握には貢献するが，その当事者は連帯の相手とはみなされず，結局，蔑みのまなざしを

反転する契機にはなりにくいと指摘している（堤 2010）．都市社会学からのアプローチとしては，都市下層を生成し続ける都市の排除・包摂の構造を批判的に問い続けることと，その制約下にありつつも反転の契機となりうる生活世界を明らかにしていくことの両面が，今後も必要であると考えられる．

以下ではこうしたことも念頭におきつつ，東京のホームレスを事例に，その排除と包摂の諸相を読み解き，ポスト・フォーディズム期の東京という都市の特性を照射してみたい．

13.2 東京の事例から

東京における野宿者の増大　　いつの時代にも世界の大都市にはホームレスの人々が存在する．都市とはそういう場所である．しかし国家や都市構造，政策や文化的条件などによって，その取り巻く困難や生活状況は異なる．

東京は，サスキア・サッセンがそのグローバル・シティ論でロンドンやニューヨークとあわせて論じたように，世界の主要都市のひとつである（Sassen 2001）．欧米の「先進国」の主要都市と比べて，まだ製造業部門が維持されているとされるが（町村 2002），日本国内の大都市のなかでは経済のサービス化が最も進展した都市である．高度経済成長期の爆発的な人口集中と郊外化を経て，近年では人口の都心回帰現象とともに再開発事業もさかんである．2000 年代からは観光産業にも力を入れ，スカイツリーの建設など「集客都市」としての仕掛けも怠らず，2020 年の東京オリンピックに向けては再開発事業も着々と行われた．

こうした東京において，路上や公園で生活する野宿者，および，施設に入所したり，深夜喫茶やインターネットカフェなどの本来は居住を想定していない所に寝泊まりするなど，慣習的・安定的な居住に欠ける状態にある広義のホームレス層は，いうまでもなく一貫

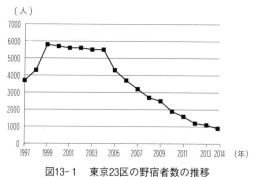

図13-1　東京23区の野宿者数の推移
出所）　東京都概数調査（各年）より筆者作成

して存在していた．しかしポスト・フォーディズム期，とりわけ日本のバブル経済が崩壊した 1990 年代に入って，野宿者が目に見えて増加した．図 13-1 は，東京 23 区内における野宿者数の推移である．いびつな変化をしていることがみてとれるが，これは経済・産業の動向や，国や東京都のホームレス対策，生活保護制度，および民間の無料低額宿泊所や NPO などのサードセクターの増大などの動向が深く関係している．

　その背景を読み解くためにも，まずはあつしさん（仮名，50 代男性，情報は一部改変，JSPS 科研費 24330145 の共同研究より参照）のケースをみてみよう．

　あつしさんのケースから　　あつしさんは 1960 年代に関東圏で生まれた．中学校卒業後，大手菓子製造工場で 3 年ほどアルバイトをしたのち，飲食業を転々とする．「家出ぐせ」があったことや家族と折り合いも悪かったことから，実家とは疎遠になっていったという．

　これまで最も長く働いたのは，雑誌や新聞で見つけた，本の仕分け作業や引越し，事務所移転作業などの日雇派遣の仕事である．そ

の頃には3，4人の仕事で会った仲間とつるんで，仕事や泊まる場所の情報交換をしつつ，お金があるときにはカプセルホテルや漫画喫茶にも泊まっていた．その後，「人が足りない」という友人の誘いで解体の手元（職人の補助的作業をする労働者）などの建設日雇の仕事もするようになった．当初は友人宅に居候して一緒に仕事に行っていたが，その友人が家賃滞納でアパートを退去となったことから，飯場（建設業の作業員宿舎）に入って働くようになった．以降，主に高田馬場の手配師（日雇いの建設作業などをあっせんするブローカー）を通じて飯場仕事をした．

彼は1990年代に初めて野宿した．野宿生活の際には，上記の日雇仕事の他，仲間に声をかけられてさまざまな都市雑業（都市のインフォーマルな仕事）でも働いた．極力働いてやりくりして食べるようにしていたが，ときには支援団体の炊き出しも利用し，本当に困ったときだけコンビニなどの廃棄食品も利用した．住まいの形態は，テントや小屋を作ると，定期的に掃除が行われる一斉清掃のときなどに一時的に片づけるのが大変なので，寝るときだけ小さな段ボールの箱を作っていた．高田馬場で野宿していたころ，ホームレスの支援団体の夜間パトロールに出会い，炊き出しの手伝いなどで初めて山谷（関東最大の伝統的な寄せ場）を訪れた．野宿場所を新宿駅周辺に変えた1990年代半ばには，新宿駅西口における野宿者や段ボールハウス群の強制排除への抵抗運動にも参加した．西口の強制撤去後は，渋谷や銀座，日本橋などに移動した．

2010年頃，あつしさんは体調を崩して支援団体が河川敷で行う医療相談会に行った．そこで診療所を紹介され，その勧めで福祉事務所に相談に行き，当時のホームレス自立支援事業である緊急一時保護センターに入所した．その後，生活保護を受け始め，福祉事務所の指示で大手の無料低額宿泊所に入所した．そこは2段ベッドで4人部屋，食事は朝夕の仕出し弁当で，保護費から10万円ほどを引かれて，手元の支給額は月3万円だった．「ここはちょっととん

でもないところだから」といううわさも聞いており，数カ月で自主退所した．この間，屋外にいると宿泊所の勧誘員から，入所して生活保護をとらないか，と何度も声をかけられている．

その後，しばらく東京東部で野宿していたが，別の支援団体の相談会に行き，のち福祉事務所に生活保護の申請に行った．しかし当面の居所として再び同様の施設への入所を促されたために拒否し，別の福祉事務所で申請した．そして当面の居所として，新聞広告で見つけた「シェアハウス」に入居した．6階建てマンションを改築した建物で，8～10畳の部屋をコンパネで3つに仕切ってある部屋が，月に約5万円だった．およそ1年後，区内でアパートを探すよう福祉事務所から指示され，友人に紹介された不動産会社を通じてアパートに入居した．現在は働いていないが，ケースワーカーからは仕事を探すことを強く勧められている．現在最も心配なことは，アパートの契約更新ができるかどうかということである．たまに支援団体の活動に顔を出し，なじみの支援者や仲間と旧交を温めることもある．

ホームレスを取り巻く排除と包摂の諸相　　あつしさんの事例からは，東京におけるホームレスの人々を取り巻くさまざまな構造が透けてみえる．まず，あつしさんのように低学歴でブルーカラーの不安定な仕事を転々として，職住一体化した建設日雇の仕事や日雇派遣の仕事に参入して野宿生活へと析出されるという過程は，東京で男性がホームレス状態になる場合のひとつの典型であった．

フォーディズム期の日本の高度成長期における建設業の高い労働需要，および「失業の受け皿」としての労働力吸収機能は弱化している．一方で，低賃金・不安定な軽作業やサービス業は増大しており，彼はずっとそうした仕事についている．構造改革・規制緩和の名のもとに労働者派遣法を改正するなど積極的に非正規雇用を増大させている日本の雇用情勢のなかで，彼が正規雇用の仕事につくな

どして自力で住居を確保するのは大変困難なことである．あつしさんのような一貫して不安定雇用のもとにあるホームレスの若年層も増加している．

しかもそもそも日本では，国籍や住民票，連絡先などの帰属証明が存在証明として重要であり，それが仕事の獲得や社会福祉などの制度へのアクセスの基本となる場合が多い．不安定な居住や住所がないという状況はあらゆる社会参加から排除され，かつ強いスティグマともなるのである．そこから生活を立て直すのは容易なことではない．

しかしあつしさんの場合は，緊急一時保護センターから生活保護の受給のもとに民間の宿泊所へ，そして一度離脱したのち，生活保護を受給しつつシェアハウス生活，そしてアパート生活へと，基本的には行政のホームレス支援策のもとで，最終的にアパートを確保している．

この背景には，東京都の積極的なホームレス対策がある．1994年以降，東京都は増大する「路上生活者問題（のちにホームレス問題）」を，人権問題と公共空間の適正利用問題と捉え，暫定の自立支援事業などの取り組みをいち早く始めた．そして先述したように，2002年にはホームレス自立支援法が成立した．東京都では，緊急一時保護センターと自立支援センターを柱とした「自立支援システム」の構築・運営，対象となった公園の居住者は月3000円でアパートに入れるという地域生活移行支援事業の実施，生活保護申請の支援活動の活発化，そして2010年頃からは「新型自立支援システム」の再構築と，断続的に対策を行ってきた．生活保護制度も国からホームレス層への適用の通達があり，以前に比べると受給がすすんだ．

それに加えて，民間の無料低額宿泊所やシェアハウスの増大は，路上や不安定な寝場所から，ひとまず一定期間は安定的に屋根の下へと移動する，という意味での包摂に多大な貢献をした．あつしさ

んが経験したように，アパートに入る前にはまず民間の宿泊所（および簡易宿泊所など）に入所することになる．これは路上から直にアパート入所はさせないという東京都の慣行である．その受け皿となる民間の宿泊所やシェアハウスのような施設は生活保護で確実な運営ができるため，それをあてこんで爆発的に増加した．

むろん，手厚い福祉サービスを行うボランティア団体やNPOなども増加し，行政サービスの事業委託やパートナーシップがすすむなかで，きめ細やかな援助を行うところも増えた．しかし，彼が過ごしたような酷い居住環境のところも多く存在し，「貧困ビジネス」「生活保護ビジネス」という指摘もある（湯浅 2007; 稲葉 2009）．東京都はこうした宿泊所の規制を強化したが，結局，都にとっても必要な施設で，共犯関係にあるのである．

あつしさんは，図13-1のグラフから消えた典型例の一人である．しかし，アパートに入居することが「包摂」の完成ではない．生活保護受給後，ケースワーカーはあつしさんに就労することを強く求めている．東京都はとりわけ2000年代に入ってから，被保護世帯の自立支援策の必要性を強く訴え，「就労自立の促進」「保健・医療面での自立促進」などを積極的にすすめているのである．

しかし先述したように，継続的に「就労自立」できるほどの安定した仕事につける可能性は，中高年の彼にはほとんどない．これは自立支援センターなどでの「就労自立」についても同様である（北川 2006）．ケースワーカーとの関係に気を使い，仕事を探せと追い立てられ，アパートの契約更新におびえる状況からは，やっとアパートでの生活保護受給にたどりついたあつしさんでさえも，心身ともに安定した生活にはほど遠いことがわかる．

生き抜くこと　いうまでもなくホームレス生活とは，飢えや痛み，寒さ・暑さ，見通しのなさ，ときに差別・襲撃にさらされ，不安定で困難なものである．しかも行政による包摂の仕組みができた

からといって，誰もが利用できるわけでも，すぐにたどりつけるわけでも，それを維持することができるわけでもない．ゆえに，あつしさんの経験のなかには，困難な生活を生き抜くためのさまざまな知恵や生活様式というべきものがみてとれた．

　例えば，彼は野宿していたとき，さまざまな都市雑業で働いて何とか現金収入を確保していた．東京では野球やコンサートのチケットを購入するために並ぶ「並び」，特売商品の代理購入の「バイヤー」，駅などで捨てられた雑誌や本を集める「本拾い」，アルミ缶などの缶集めや廃品回収など，さまざまなニッチな仕事があった．こうした仕事は人口の集中する都市ゆえに成り立つものであり，都市社会の既存のシステムに食い込んで，稼ぎをひねり出すのである（山口 2008）．こうして路上や公園で生活する状態が続くと，そこから生き抜くためのパターン化された生活を確立していくような「生活の型の確立」もみられる（妻木 2003）．

　また，不安定就労に加えて実家などを頼れない状態のあつしさんは，カプセルホテルや漫画喫茶を利用すること，および職住一体化した仕事につくことで屋根を確保する．そのときに同じ状況の仲間とつるむことは，彼にとって大きな資源となっていた．よりよい仕事やより安く泊まれる場所の情報交換を頻繁にしたり，物を融通しあったり，一時は家に居候させてもらったりもしながら，生き抜いていた．

　さらに，民間の支援団体も大きな力となっていた．彼は新宿で生活していた頃に，山谷や渋谷での機会を含めてさまざまなボランティアや支援・当事者団体と知り合っている．新宿駅西口の強制排除のときには，それらの支援者とともに抵抗運動に参加して異議を申し立て，権利獲得を訴えた．そうしたつながりや情報はその後の生活でも役に立ち，あつしさんは体調が悪くなると，すぐに支援団体の相談会を利用し，施設にたどりついている．先述したように，東京では 1990 年代半ば以降，支援団体が増えており，相談や情報収

集をへて，次につながる機会は少なくない．あつしさんは困ったときには相談に行き，利用するのである．またそうした路上での活動にたまに顔を出すことで，なじみの支援者や仲間と言葉を交わし，励ましあったり，気分転換したりしている．

このように構造に規定されるだけではなく，行政やサードセクターを利用しつつ，時に集まり，離れ，あつしさんの生活世界は広がっていた．こうした生き抜き方の諸相には，行政が想定する制度や他者の助けを借りずに一人で自立するという自立観を相対化したり，公共空間の複数性を指し示す可能性がある．

例えば，笹沼弘志は，野宿者が生きるために公園にテントを建て，土地を耕して作物を育て，それを近隣の住民や通りすがりの人々が買っていくという出会いの場を紹介している．そこには空間を自己の排他的占有の対象とする思考ではなく，常に不意の訪問者にたいして開かれている「無条件の歓待の場」があり，ここにもうひとつの世界をつくる可能性を見ている（笹沼 2008）．また山北輝裕は，集団で暮らす野宿者の生活の場を中心とした野宿者および支援者などの緩やかなネットワークである「路上コミュニティ」が，路上コミュニティであるがゆえに地域と「対話」していく可能性があることを指摘している（山北 2010）．

13.3　都市の空間管理の進行

もちろん，現在，あつしさんは何とかアパートを確保している．しかし，再び難しい状況が訪れるかもしれない．また，施設などに入れない，入らないホームレスの人々もたくさんいる．

そうしたときに，東京の路上や公園などの公共空間は，排除・撤去が厳しさを増し，野宿することさえできない場所になってきている．「寝泊り禁止」というプレートや貼り紙が貼られることもあれば，公園や駅にあるベンチの中央部分に仕切りを設けて横になれな

くするなど，建造物が「工夫」されることもある．町中いたるところに監視カメラが設置され，警備員の巡回も増えた．貴重な収入源であった缶集めは，「空き缶抜き取り禁止」が条例化されるなど，「犯罪化（クリミナリゼーション）」されるようになった（林 2007）．地域移行生活支援事業は，大規模公園から多くの野宿者をいったん屋根のもとに移行することに成功したが，事業の対象となった公園では，野宿者の「新規流入防止」措置が徹底され，生活することが難しくなった．隅田川や堅川べりで生活する野宿者のコミュニティをはじめ，大小の排除や撤去が頻発している．

　グローバリゼーションの進行と，消費空間化，セキュリティを過剰に求める「過防備都市」化（五十嵐 2004）のなかで，公共空間の管理がすすんでいる．路上や公園などの公共空間で生活するホームレスの人々は，管理上最も排除したいターゲットであろう．

　要するに，「路上生活者問題」を人権問題と公共空間の適正利用問題と捉えていた東京都の方針はずっと一貫している．公共空間から排除するだけでなく，同時に施設（簡易宿泊所を含む）への，一部はアパートへの移行をすすめ，野宿者を目に見えて減らしている．

　それは確かに，ロイック・ヴァカンの「刑務所＝福祉の商業複合体」が跋扈する「刑罰国家」の様相とは異なる．アメリカでは福祉国家の縮小と同時に，治安維持のセキュリティが公共政策の優先課題になり「犯罪の厳罰化」がすすんだ．その主なターゲットになるのは都市のゲットーなどに住む貧困層である．刑務所人口は爆発的に増加し，規制緩和のなかで民営の刑務所ビジネスが発展する．刑務所内の仕事で失業者を吸収し，またそこに閉じ込めることで社会の防衛にもなるという（Wacquant 1999）．日本におけるホームレス層の処遇は，そこまででは，まだ，ない．

　しかし，多くのホームレスの人々が暮らす施設は門限などさまざまな規則があり，時に人間関係が難しく，自由な生活では決してない．またアパート居住は孤立しがちであり，生活がたちゆかなくな

る場合もある．そして何よりも，多くの人々はそこを出たら，また路上を含む不安定な居住に戻るしかない．総体的な「溜め」がないのである（湯浅 2007）．そのような生活は安定とはほど遠く，「不定住的貧困」（岩田 1995）に近い．生活保護の受給により成り立っている生活は，これまでの歴史で繰り返されたように，「保護の適正化」によって支給が制限されるようになると，また都市下層は可視化されるだろう．そうした生活状況にある人々はいつまでも「外部」に留め置かれる．

オリンピック開催もひとつの契機となり，ネオリベラリズムに統治される東京は，ますますの都市再開発や「ジェントリフィケーション」の進行によって，公共空間を含む都市空間の管理・再編がすすんでいる．同時に，生活保護層や野宿者は，自己責任の名のもとに，「不正受給」，「不法占拠」などと「他者の悪魔化」（Young 1999）のもとに位置づけられる傾向が強まっている．ロサンゼルスのような「要塞都市」（Davis 1990）の悪夢を繰り返さないためにも，都市社会学の想像力が問われている．

参照文献

青木秀男 1989『寄せ場労働者の生と死』明石書店.
五十嵐太郎 2004『過防備都市』中央公論新社.
磯村英一 1953『都市社会学』有斐閣.
稲葉剛 2009『ハウジング・プア——「住まいの貧困」と向きあう』山吹書店.
岩田正美 1995『戦後社会福祉の展開と大都市最底辺』ミネルヴァ書房.
岩田正美 2008『社会的排除——参加の欠如・不確かな帰属』有斐閣.
岩田正美・西澤晃彦編 2005『貧困と社会的排除——福祉社会を蝕むもの』ミネルヴァ書房.
江口英一・西岡幸泰・加藤佑治編 1979『山谷——失業の現代的意味』未來社.
大橋薫 1962『都市の下層社会——社会病理学的研究』誠信書房.
北川由紀彦 2001「野宿者の集団形成と維持の過程——新宿駅周辺部を事例として」『解放社会学研究』15.
北川由紀彦 2006「野宿者の再選別過程——東京都「自立支援センター」利用

　　経験者聞き取り調査から」狩谷あゆみ編『不埒な希望——ホームレス／
　　寄せ場をめぐる社会学』松籟社.

笹沼弘志 2008『ホームレスと自立／排除——路上に〈幸福を夢見る権利〉は
　　あるか』大月書店.

園部雅久 2001『現代大都市社会論——分極化する都市？』東信堂.

堤圭史郎 2010「ホームレス・スタディーズへの招待」青木秀男編 2010『ホー
　　ムレス・スタディーズ——排除と包摂のリアリティ』ミネルヴァ書房.

妻木進吾 2003「野宿生活——「社会生活の拒否」という選択」『ソシオロジ』
　　48(1).

中川清 1985『日本の都市下層』勁草書房.

中根光敏 1999「排除と抵抗の現代社会論——寄せ場と「ホームレス」の社会
　　学にむけて」『場所をあけろ！——寄せ場／ホームレスの社会学』松籟社.

西澤晃彦 1995『隠蔽された外部』彩流社.

西澤晃彦 2000「都市下層の可視化と変容——野宿者をめぐって」『寄せ場』
　　13.

林真人 2007「生成する地域の境界——内部化した「ホームレス問題」と制度
　　変化のローカリティ」『ソシオロジ』52(1).

林真人 2014『ホームレスと都市空間——収奪と異化，社会運動，資本-国家』
　　明石書店.

原口剛 2011「地名なき寄せ場——都市再編とホームレス」西澤晃彦編『労働
　　再審第4巻　周縁労働力の移動と編成』大月書店.

福原宏幸編 2007『シリーズ新しい社会政策の課題と挑戦第1巻　社会的排除
　　／包摂と社会政策』法律文化社.

町村敬志 2002「世界都市からグローバルシティへ——「世界都市」東京の20
　　年」梶田孝道・宮島喬編『国際社会①　国際化する日本社会』東京大学出
　　版会.

丸山里美 2013『女性ホームレスとして生きる——貧困と排除の社会学』世界
　　思想社.

麦倉哲著・ふるさとの会編 2006『ホームレス自立支援システムの研究』第一
　　書林.

文貞實 2006「女性野宿者のストリート・アイデンティティ——彼女の「無力
　　さ」は抵抗である」狩谷あゆみ編『不埒な希望——ホームレス／寄せ場
　　をめぐる社会学』松籟社.

山北輝裕 2006「野宿生活における仲間というコミュニケーション」『社会学評
　　論』57(3).

山北輝裕 2010「野宿者と支援者の協同——「見守り」の懊悩の超克に向け
　　て」青木秀男編 2010『ホームレス・スタディーズ——排除と包摂のリア

　リティ』ミネルヴァ書房.

山口恵子 1998「新宿における野宿者の生きぬき戦略——野宿者間の社会関係
　を中心に」『日本都市社会学会年報』16.

山口恵子 2008「都市と路上で生きる人々」作道信介編『近代化のフィールド
　ワーク——断片化する世界で等身大に生きる』東信堂.

山崎克明・奥田知志・稲月正・藤村修・森松長生 2006『ホームレス自立支援
　——NPO・市民・行政協働による「ホームの回復」』明石書店.

山本薫子 2013「現代日本の都市下層地域における福祉ニーズ増大と地域課題
　の再編——横浜・寿町地区の事例から」『日本都市社会学会年報』31.

湯浅誠 2007『貧困襲来』山吹書店.

横山源之助 1949『日本の下層社会』岩波書店.

Davis, M. 1990 *City of Quartz : Excavating the Future in Los Angeles*, Verso. 村
　山敏勝・日比野啓訳『要塞都市 LA』青土社, 2001.

Madanipour, A. 1998 *Social Exclusion in European Cities*, Routledge.

Sassen, S. 2001 *The Global City : New York,* London, Tokyo, 2nd ed., Princeton
　University Press. 伊豫谷登士翁監訳, 大井由紀・高橋華生子訳『グローバ
　ル・シティ——ニューヨーク・ロンドン・東京から世界を読む』筑摩書
　房, 2008.

Sennett, R. 1970 *The Uses of Disorder : Personal Identity & City Life*, Knopf. 今
　田高俊訳『無秩序の活用——都市コミュニティの理論』中央公論社,
　1975.

Wacquant, L. J. D. 1999 *Les Prisons de la misère*, Raisons d'agir. 森千香子・菊
　池恵介訳『貧困という監獄——グローバル化と刑罰国家の到来』新曜社,
　2008.

Wilson, J. W. 1987 *The Truly Disadvantaged : The Inner City, the Underclass,
　and Public Policy*, University of Chicago Press. 青木秀男監訳, 平川茂・牛
　草英晴訳『アメリカのアンダークラス——本当に不利な立場に置かれた
　人々』明石書店, 1999.

Young, J. 1999 *The Exclusive Society : Social Exclusion, Crime and Difference
　in Late Modernity*, Sage. 青木秀男・伊藤泰郎・岸政彦・村澤真保呂訳『排
　除型社会——後期近代における犯罪・雇用・差異』洛北出版, 2007.

（山口恵子）

第14章　移民とトランスローカリティ

　本章では，ポスト・フォーディズムの時代において改めてあらわになってきた都市と不平等という課題にたいする対応の多様性と可変性を示すものとして，移民たちの戦略について論じたい．

14.1　移民とは何か

都市社会学と移民研究　　都市社会学において移民研究は比較的オーソドックスな，定番のテーマである．その理由はおそらく，移民を研究テーマとして積極的に取り上げてきたシカゴ学派のモノグラフがもつ魅力とその影響にあるだろう．日本の都市社会学においては，シカゴ学派の蓄積を継承した研究が，国際移民研究の趨勢を占め，都市エスニシティ研究を発展させてきた．一方，国内移民研究は，シカゴ学派を継承する研究に限らない．たとえば，地方から都市への国内移住や季節労働（出稼ぎ）の問題を取り上げる都市化の研究や，都市の同郷団体の研究など独自の展開を示してきたと言えよう．どちらも人の移動を扱っていたにもかかわらず，理論的系譜の違いからか，国際移民と国内移民の都市社会学的研究が接合されることは，一部の例外を除いてほとんどみられなかった．

　また別の点からみれば，移民研究のフィールドは都市とは限らない．都市の特定エリア（その代表はインナーエリア）に移民が集住する傾向があるので，都市の文脈から議論を進めるのは当然のことだろ

う．しかしながら，村落にも移民の分散居住の実態があり，なかに
は小規模ながら集住傾向がみられる事例もある．加えて移民の出身
地は村落である場合も多く，発展途上国内における村落−都市間の
人の移動（都市化）はしばしば国際移民へとつながることが指摘さ
れてきた（Parnwell 1993）．このことは，移民が都市社会学の研究素
材であると同時に，村落を射程に含む地域社会学の研究素材でもあ
るということを示している．

　移民研究において，こうした多様な理論的立場を接合させる可能
性をもつのが，1990 年代以降，欧米の移民研究で浮上した「トラ
ンスナショナリズム」という研究視角であり，そのバリエーション
のひとつである「トランスローカル」という概念である．

　移民とは何か　　そもそも「移民（Migration, Migrant）」とは何か．
国際移住機関（IOM）によると，国際的に合意された「移民」の法
的定義はないとされており，この問題は一筋縄ではいかない．日本
語で「移民」という場合，「個人あるいは集団が永住を望んで他の
国に移り住むこと．また，その人々．」（『大辞泉』第 2 版，小学館，
2012）という定義が一般通念として定着している．たとえば，明治
期以降のハワイ移民や南米移民，その子孫を指す日系人は「移民」
に含まれるが，難民，留学生，海外駐在員，外国人労働者は「移
民」ではないと思う人は多いだろう．しかしながら，次のような別
の考え方もある．

　第一に，「永住を望んで」の部分についていえば，他の言語では
「移民」という用語は「永住」をその条件に含まないことも多い．
たとえば国連経済社会局は 1990 年代に「移民」を「通常の居住地
以外の国に移動し，12 カ月間当該国に居住する人のこと」（UN
1998）と定義していた．そして 2010 年代には「3 カ月から 12 カ月
間の移動を短期的または一時的移住，1 年以上にわたる居住国の変
更を長期的または恒久的移住と呼んで区別するのが一般的」（UN

2012) とその定義を広げている.

　政治経済のグローバル化が進み，通信技術や航空技術の発達した現代社会において，人の国際移動は格段に容易になった．その結果，出身地域や移住先，さらに第三国等，複数の拠点を移動し続け，すべてを継続的に維持する「移民」が登場した．今後ますます，永住意思の有無を問わない定義がグローバル・スタンダード化するだろう．そしてこれが「トランスナショナリズム」の基本的な考え方でもある.

　また第二に，「他の国に移り住む」について，移民の方向性の問題が指摘できる．移民 (Migration) は，その方向性によって受入移民 (Immigration) と送出移民 (Emigration) に区分できる．しかしながら前述の通り，日本語の「移民」は送出移民に限定され，受入移民は「外国人」と呼ばれ続けてきた．これは長年，日本政府が「日本は移民受け入れ国ではない」とする立場 (たとえば法務省『出入国管理基本計画』) を主張し続けてきたことと無関係ではないだろう．日本政府の方針に左右されない中立的な定義を採用すれば，日本は昔も今も「移民送出国」であり，かつ「移民受入国」である．この事実を改めて認識する必要がある.

　第三に，同じく「他の国に移り住む」についてもう一点，国境を越えるか否かという問題がある．移民は，国際移民 (International Migration) と国内移民 (Internal Migration) に区分できる．地域によって，それが重大な違いを生む場合 (出入国管理の影響を強く受け，言語や通貨が変わるなど) もあれば，大した違いがない場合 (出入国管理の影響がほとんどなく，言語や通貨が変わらないなど) もある．ラテンアメリカやアフリカなどその差がほとんどなく，かえって国内移民と国際移民を連続した事象と捉えた方がよい場合もある．一方で日本のように，その違いが重大な意味をもつ，と考えられている国もある．日本語の「移民」は国際移民に限定される傾向があり，国内移民は「出稼ぎ」，「赴任」，「引越」，「上京」など，その移動の目的・

条件によってさまざまな語彙が駆使される．

　以上でみてきたように，「移民」の定義は多様であり，論者や機関の立場によって幅がある．学術用語の定義は，一般通念や行政用語とは必ずしも一致しない．一般通念や行政用語を一概に否定するものではないが，学術用語として「移民」という用語を用いる場合には，その定義を明確化する必要がある．本章における「移民」という用語は，「人の国際移動（International Migration）」全般を指す用語として用いる．その際に，時間（一時的／恒久的），空間（短距離／長距離），動機・目的（自発的／強制的）といった要素は考慮しないこととする（Parnwell 1993）．つまりこの定義では，難民，留学生，海外駐在員，外国人労働者も，本章の後半で事例として取り上げる外国人企業家も「移民」に含まれる．本章が用いる「移民」の定義は，相対的に広義の定義であることをお断りしておく．

14.2　移民研究の理論的変遷

移民研究の理論的類型化　　移民研究の蓄積を理論的に位置づけようとする場合，各論者の重視する分野によって，着眼点がかなり異なる．それは一口に「移民研究」といっても，世界中に多種多様な事例が存在し，地理的にも歴史的にも広範な研究蓄積をカバーしきれない上，それを網羅的に把握して理論化する作業が容易ではない，といった事情が考えられる．

　そのようななか，近年，欧米を中心に移民研究を類型化する作業が注目されている．アレハンドロ・ポルテス（Portes 1997）によると，移民理論というものがあるとすれば，それは厳密な意味での狭義の「理論」ではなく，類型化やモデル提示を含む広義の「理論」であるとしている．古屋野正伍（1982）もまた，移民理論は極端にマクロすぎてもミクロすぎても意味がなく，移民の類型化と各類型に対応する「中範囲の理論」が必要であると指摘している．

次項からは，主要な移民理論のなかから，とくに重要と思われる
ものを取り上げる．まずは移民研究の理論を2つに分けて紹介した
い．既存の移民研究において議論の焦点となるのは「なぜ特定の送
出地域から特定のホスト社会へ移住がなされたのか」という点と，
「ホスト社会に定着した移民グループが，どのように展開してきた
のか」という点に分けられる．後述のようにこの分け方自体への批
判もあるが，まずは前者を移住の段階（＝移動の局面），後者を移民
コミュニティ形成の段階（＝居住の局面）として便宜的に区分し，前
者を対象とするものを移民フローの研究，後者を対象とするものを
移民ストックの研究とよぶことにする．

　移民フローの研究　　アメリカの社会学者ダグラス・マッシーら
（Massey et al. 1998）の総括によると，代表的な移民理論として，①
新古典派経済学のマクロ理論，②新古典派経済学のミクロ理論，③
労働移動の新経済学，④分断的労働市場論，⑤世界システム論，⑥
社会関係資本論，⑦累積的因果関係論が挙げられている．①〜⑤は
移動の発生要因を論じた経済学に近い理論であり，⑥⑦は移動の
継続要因を論じた社会学に近い理論である．有名な移民理論は移民
フローに関するものが多い．以下，簡単に説明しておこう．
　新古典派経済学（①と②）は，移住を個人による合理的選択と位
置づけており，この立場の代表的理論はプッシュ・プル理論である．
①新古典派経済学のマクロ理論とは，送出国と受入国の間の賃金格
差によって国際労働力移動が引き起こされ，賃金格差が解消されれ
ば移動もなくなるので，労働市場をコントロールすれば人の流れを
調整できるとする理論である．②新古典派経済学のミクロ理論は，
賃金に加えて雇用機会の格差や移民の人的資本（学歴・技術）に注目
した理論である．熟練・技能労働者は国際移動する可能性が高く，
賃金の高い安定した職を得られる一方で，非熟練労働者は不安定な
職種に固定化するとみる．

残る③〜⑦の理論は，すべて新古典派経済学の先行研究を批判する形で登場した（ポルテスのいうパラダイム転換）．③労働移動の新経済学は，移民は個人単位ではなく，家族・世帯単位で決定されるとし，国際労働力移動が世帯のリスク分散の意味をもつとする理論である．④分断的労働市場論（二重労働市場論を含む）は，国際労働力移動は移民の分断的労働市場を求めるマクロな社会構造によって発生するため，たとえ雇用情勢が好転しても移民の賃金は上昇しないし，移民側もまた低賃金を甘んじて受け入れると説明する．⑤世界システム論（従属理論を含む）は，資本主義的な世界経済の周辺から中心へと余剰労働力が流れる歴史-構造的メカニズムとして国際労働力移動を捉える．なお④と⑤は，論者によっては歴史-構造的アプローチとしてひとつのカテゴリーに分類されることもある．

　社会学に近い理論としては，移動の継続要因を論じた，⑥社会関係資本論と⑦累積的因果関係論が挙げられる．⑥社会関係資本論（移民ネットワーク論，移民システム論を含む）は，親族・友人・同胞から得る情報やコネといった社会関係資本（移民ネットワーク）を活用することで連鎖移民が発生し，さらに移民後は経済資本（資金）や人的資本（学歴・技術）の不利な条件を，社会関係資本で補い社会上昇を果たそうとする点に注目する理論である．しかしながら，同時に移民はその社会関係資本に搾取される危険性を併せもつ．このようなメリットとデメリットが表裏一体となった構図に注意する必要がある．⑦累積的因果関係論は，移民が送出社会とホスト社会の双方に与える影響とその累積に注目する理論である．福祉国家の形成，人種的不平等，発展途上国の不利益などは因果関係が好／悪循環して累積することで生じるとする（樽本 2016）．これら⑥社会関係資本論と⑦累積的因果関係論は，移民フローの研究であると同時に，移民ストックの研究でもある．このあたりが，理論の類型化を複雑にする理由のひとつでもある．

移民ストックの研究　　一方，移民ストックの研究では，適応，
同化，分離，統合といった用語がキー概念となってきた．これらは，
各エスニック集団のアイデンティティに関わる問題を含むせいか，
日本では移民理論というよりは「エスニシティ理論」とよばれてき
た．とりわけ在日コリアンや日系ブラジル人のエスニック・アイデ
ンティティを論じる際に援用されることが多い．

　また日本ではそれ以上に，ホスト社会側の反応に注目する研究が
多いのも特徴である．この場合，包摂／排除，結合／分離，共生な
どがキー概念になる（たとえば谷編 2002）．

　理論的には，アメリカを中心とする「エスニシティ理論」の変遷
について紹介した先行研究が多い（たとえば関根 1994）．

　その第 1 期は，同化主義（Assimilation），いわゆる「るつぼ論
（Melting Pot）」の段階である．この段階においては，社会が近代化，
産業化するとともに人種やエスニシティへのこだわりは減少し，や
がてはそれらに基づく紛争や対立は消滅すると考えられた．代表的
な論者は，ロバート・E. パークをはじめとするシカゴ学派である．
とくにパークらの「競争-闘争-応化-同化」という人種関係サイク
ル・モデルは有名である（Park et al. 1925）．

　第 2 期は，文化多元主義（Cultural Pluralism）の段階である．第 1
期の一元的な人種の「るつぼ」論とは異なり，プロテスタント，カ
トリック，ユダヤの各宗教間の婚姻関係が進み，新しい集団関係が
形成されたことを重視する立場で，三元的（多元的）な「るつぼ論」
として始まる．その後これを前提とした社会統合主義が広まり，
「サラダ・ボウル論」とよばれるようになった．アングロサクソン
中心主義の考え方を排し，アメリカ文化の伝統をヨーロッパ全域に
求める考え方である．

　第 3 期は，多文化主義（Multi-Culturalism）の段階である．国民国
家は一言語，一文化，一民族によって成立すべきとする同化主義に
基づく国民統合政策を否定し，文化の多様性を認めながら社会統合

を図ろうとする立場である．異文化・異言語集団を含みながら国家の分裂を避け，統合政策を進めるものである．第2期のようにアメリカ文化の伝統をヨーロッパのみに求めることはせず，アジアやアフリカの文化にも配慮しようとする考え方である．しかしながら，文化の多様性の定義いかんで，多文化主義の内容も多様となるという限界も徐々に明らかになっていく．そして2001年9月11日のアメリカ同時多発テロ以降，欧米社会では多文化主義にたいする風当たりが強まり，脱多文化主義への動きもみられた．

　一方，日本ではホスト社会側の反応に関心が集まる傾向のなかで，「多文化共生」という独自の概念が生み出された．これは欧米の「多文化主義」の理念と，日本の「共生」という思想（マイノリティの社会的包摂を目指す運動理念）が融合したものである．ところが「下から」生まれた多文化共生は，その後，行政側がその名を施策に冠したことで「上から」の多文化共生へと変容し，その意義や目的が徐々に多様化・曖昧化し，一部形骸化した側面もみられる．

14.3　トランスナショナリズムとトランスローカル

移民フローと移民ストックの連関　　以上，移民フローの理論と移民ストックの理論を別々にみてきたが，こうした区分が用いられること自体への批判もある．つまり「移民がいかに移住先に適応するか」だけでなく「移民がいかに出身地に関心を持ち続けるか」に焦点を当てた研究を進め（Vertovec 2009），「移民が送出国と受入国の双方に社会変化をもたらす」側面を重視すべきとする主張である（Castels and Miller 2009）．

　その背景にあるのは，移民フローと移民ストックの連関を積極的に位置づける，トランスナショナリズムの研究視角である．トランスナショナリズムとは，移民が出身地や他のディアスポラの人々と，社会的，文化的，経済的，政治的つながりを維持し続けることを指

す（Vertovec 2009）．

　そもそもフローとストックの連関という現象は，古くは 19 世紀後半から 20 世紀前半，南・東欧から北・南米へ渡り，継続的に両地域を往復した移民労働者にその原型をみることができ，その後も「還流型移民（Return Migration）」として論じられてきた．しかしながらトランスナショナリズム論者は昔と今の状況を区別し，グローバル化と通信技術や航空技術などのさまざまな技術革新が国際労働力移動を促進したことによって，現代移民のトランスナショナルな現象がより際立ったと捉える．

　トランスナショナリズムは，1990 年代前半にニナ・グリック・シラーら人類学者が提唱した移民研究の新しい理論的立場（Glick Schiller et al. 1992）である．その後，アメリカを中心に影響力を増し，人類学，社会学，政治学，地理学など幅広い分野で共有され始める．

　ディアスポラ研究（たとえばアルジュン・アパデュライなど）もまたその代表的な先行研究のひとつとされる（Appadurai 1996）．ディアスポラ（Diaspora）は「散在」を意味するが，強制的に追い払われた人々にたいして使われることが多かった．そのため，この概念は「悲劇的離散」のイメージをもつ．一方，ディアスポラを「悲劇的離散」イメージから切り離し，自発的移民を含む範囲まで対象を広げようとする論者もいる．またディアスポラをトランスナショナル・コミュニティ（Transnational Communities）という，より中立的な概念に置き換えることもある（Vertovec 2009; Castels and Miller 2009）．ジェラード・デランティ（Delanty 2003）によれば，トランスナショナル・コミュニティは，コスモポリタン・コミュニティの代表例であり，地球規模での人の移動によって成立する．グローバルな文脈で作動するが，グローバル市民社会のような言説の収斂を前提にしておらず，ローカリティを基礎にするディアスポラ的，ハイブリッド的なコミュニティである．

　社会学者のルイス・グアルニソとマイケル・ピーター・スミス

（Guarnizo and Smith 1998）は，「上からのグローバリズム」に対抗する「下からのトランスナショナリズム」として移民の活動を捉え，移民の頻繁な移動によってつくりだされる越境的な社会領域に注目する．移民による出身国への投資，政治的関与，複合的な帰属意識，移民ネットワーク（社会関係資本）の形成が具体例として挙げられる（小井土 2005；広田 2003）．とはいえ，すべての移民がトランスナショナルな特徴を示すとは限らない．トランスナショナルな移民を，そうでない移民と区別するために「トランスマイグラント（Transmigrant）」とよぶこともある（Guarnizo and Smith 1998）．

　グアルニソとスミスによると，トランスナショナリズム論者のなかには，グローバル化にたいする批判とは対照的に，移民の越境的な社会領域形成や脱国家的な行動規範を「反体制的な大衆の抵抗」もしくは「ネーションに対抗する語り」と位置づけ，それを好意的に受け止めてしまう研究もみられるという．しかしながら，トランスナショナルな現象の内実はそれほど単純なものではなく，ナショナリズムの弱体化につながるものではないとされる．なぜならば歴史的に，国民国家は海外に離散した（元）自国民とのつながりを保ち続け，利用してきただけでなく，移民側も出身国のナショナリズムを保持し続けてきたからである．

　さらに，近年の大量移民時代に入り，送出国側が送出移民を国家に再編入し始め，「脱領土的国民国家」を形成しつつあるだけでなく，受入国側は受入移民にたいして依然として強大な権力を行使し続けている．このようなトランスナショナルな実践や関係性は，移民の第一世代に限定される現象ではない．第二世代や第三世代も，出身社会のプライドを「再発明」して保持し続ける．

　こうした研究潮流を，1970 年代以降の第一のパラダイム転換（新古典派経済学からその批判理論へ）に次ぐ，1980 年代以降の第二のパラダイム転換（国民国家的枠組からトランスナショナリズムへ）と捉える論者もいる（樋口 2005；村井 2006）．

トランスナショナリズム論におけるローカル　では，都市・地域社会学にとって注目すべき「トランスローカル」とはどのような概念なのだろうか．トランスローカル（Translocal, 越境的地域）とは，トランスナショナリズムのバリエーションのひとつであり，その基盤となる空間（社会領域）を指す．移民，ホスト社会，出身地域のローカルな実践と経験が，複数の場所をつないで相互作用することで生成される（たとえば藤原 2008）．

　グアルニソとスミスによると，「空間」の社会的構築はローカルな意味の生成であり，領域的特性，法的統制，経済発展の過程の帰結である．地域性はトランスナショナルな経済的，政治的，文化的な流れのなかで複雑に関連づけられる．トランスナショナルな移民の行動の背景にあるのは，単独のローカルではなく，トランスローカル，つまり「ローカルとローカルのつながり（Local to Local）」である．こうした移民の社会的背景を，トランスローカリティ（Translocalities, 越境的地域性）とよぶ（Guarnizo and Smith 1998）．

　こうした社会領域におけるトランスナショナルな実践は，特定の意味を付与される．トランスローカルな関係性は，歴史的・地理的に特定の出身地と移住先の間で構成されるものである．移民，移住先のローカリティ，出身地のローカリティの三者関係から成る関係性は可変的である．トランスナショナルな実践は，国境を越えて広がるにもかかわらずひとつに束ねられ，特定の社会的，経済的，政治的関係の範囲内で構築される．このような社会的近接性や共有された意味や結果の予測可能性がなければ，移民ネットワークや経済プロジェクトや政治運動は，国境を越えた関係性を構築することができないとされる（Guarnizo and Smith 1998）．

14.4　トランスナショナルな移民企業家

移民の生き残り戦略　では，日本を拠点とするトランスナショ

ナルな移民の事例をみてみよう（福田 2012；浅妻他 2017）．中古車・中古部品貿易業は，移民企業家が積極的に参入してきたニッチ産業である．そのなかでも特に 1970 年代後半以降，日本を起点とする右ハンドル中古車貿易（日本製中古車貿易）において市場を牽引してきたのはパキスタン人をはじめとする南アジア系移民であった．特にパキスタン人企業家は，友人・知人といった同胞を積極的に世界各地の拠点に配置して，事業をトランスナショナルに展開させてきた．代表的な拠点として，パキスタン，アラブ首長国連邦，ニュージーランド，ケニア，ウガンダ，タンザニア，南アフリカ，イギリス，アイルランド，チリ，ペルーなどが挙げられる．これらは主に旧英領植民地であり，基本的に左側通行・右ハンドル車の国々である．また，印僑やパキスタン人のコミュニティがすでに形成されている場合もあり，そうした基盤を利用してビジネスを拡大させてきた．

　日本から輸出された中古車は，アラブ首長国連邦の中継貿易市場を経由し，アフリカ諸国へと再輸出される．その場合，日本を出た中古車は，あるパキスタン人企業家から別のパキスタン人企業家へ渡り，さらにまた別のパキスタン人企業家へ渡ってようやくエンド・ユーザーまでたどり着くのである．これらの広範な貿易拠点の設置は，同業者ネットワークを通じて得た情報をもとに，パキスタン人企業家が積極的に海外市場を開拓していった結果である．ある国の中古車輸入規制が緩和されたという噂を聞くと，言語的な障壁もものともせず市場へ渡り，取引相手をみつける．安定した取引が可能となれば，親戚や友人・知人を移住させて配置し，自社の支店を開設する，といった手順である．

　こうしたパキスタン人移民企業家の一部（初期参入組）は，投資目的で来日した商人層であったが，残りの大半（後続参入組）は 1980 年代後半に就労目的で来日した移住労働者，いわゆる「外国人労働者」であった．しかしながら日本の法制度上，工場労働を続けるこ

とを認められなかったこともあり，彼らは「投資家（自営業者もしくは企業家）」へと転身した．またその多くは日本人女性と結婚し，自身の法的地位を安定化させた．そして工場労働で貯めた資金を，同胞たちが続々と参入する中古車・中古部品貿易業へと投資した．その結果，日本人配偶者や同胞の同業者ネットワークという社会関係資本を活用することで，ある程度の経済的成功を収めることに成功した．つまりパキスタン人移民にとって中古車・中古部品貿易業というニッチ産業の発見と，その後のトランスナショナルな事業展開が，日本という閉鎖的なホスト社会における生き残り戦略となったのである．

　　移民企業家とトランスローカリティ　　南アジア系移民が主流を占める中古車・中古部品貿易業においては，移民企業家のトランスナショナルな事業展開（世界規模での分散＝トランスナショナル化）がその特徴である．複数の海外拠点を同時並行で維持し続けるこのビジネス・スタイルは，トランスナショナル・コミュニティに合致する典型的事例と捉えられる．

　一方，アラブ首長国連邦をはじめとする貿易拠点においては，同胞企業が同一地域に集積すること，民族別に集積する地域が異なること（特定市場への集積＝ローカル化）も明らかになっている（浅妻他2017）．これらの貿易拠点は，千葉県四街道市，埼玉県八潮市，神奈川県横浜市都筑区といった日本側の特定の仕入拠点とつながりがみられる．これはトランスローカリティの議論と重なる事象である．

　さらに別のレベルの分散と集積もみられる．日本国内においては，中古車・中古部品貿易業者の多くが分散立地している．これは仕入拠点である日本国内において同業他社との競合を避けるため，あえて分散する戦略が取られてきたことによるものと推測される（仕入拠点の分散）．

　一方，日本海沿岸地域は例外であり，中古車・中古部品貿易業者

の店舗が港湾周辺に集積した．1990年代にロシア人船員向けに中古車を販売する南アジア系移民企業家が日本海沿岸の主要貿易港周辺に集積し始め，店舗を設置したからである（販売拠点の集積）．2009年にロシア向けビジネスが激減した後，その多くは店舗を閉鎖し日本海沿岸から撤退したが，一部の業者は，日本海沿岸地域に拠点を残し，小規模な事務所と郊外の在庫保管スペースを持つ業態で経営を維持している．世界規模での分散と集積，日本国内での分散と集積が共存する構図がみられる．

　さらに企業家の集積と外国籍住民の集住のメカニズムの違いについても検討する必要があるだろう．日本においてパキスタン人移民は分散して居住する傾向にあることが知られているが，より細かくみれば，郊外の特定地域にゆるやかに集住する傾向がみられる．そのような準集住地域は具体的な地名（駅名）でよばれる．また準集住地域の地名は，移民ネットワークのなかで共有され，海外在住の親族や取引先にまで知れ渡るケースもあるが，それが実際に何県何市に所在するのかは認識されていない．

　パキスタン人移民の場合，出身地（パキスタンのA地区）−移住先（日本のB地区）−貿易拠点（アラブ首長国連邦のC地区）−親族の移住先（イギリスのD地区）といった複数の特定地区をつなぐトランスローカリティを保持し共有している．

　たとえば，パキスタン人移民のあいだで，ビジネスで築いたトランスナショナルな親族配置を積極的に活用し，日本人家族（妻と子）をパキスタンやアラブ首長国連邦，ニュージーランド等へ海外移住させるという移住過程がみられる（福田 2012, 2015）．パキスタン人移民とその日本人家族は，国境を越えて複数の拠点を維持しつつ，よりよい生活拠点を選択する．

　日本人家族が海外移住を決意した理由は，ほとんどが「子どもの教育」である．具体的には英語教育（日本に比べて水準が高く，コストが安い）とイスラームの習得（一定数のムスリムに囲まれた教育環境にお

ける自然なイスラームの受容）である．加えてアラブ首長国連邦やニュージーランドの場合は，ムスリム以外の移民も多いことから，「多文化教育」の環境が子どもにとって魅力的であると判断される．このトランスナショナルな社会領域の構築が，パキスタン人移民の強みでもある．子どもに海外でいろいろな経験をさせたいと，海外での教育を積極的に位置づける日本人の母親たちも多い．

14.5　トランスナショナルな社会的世界の研究へ

　日本に滞在する移民は，エスニック集団ごとにそれぞれ移民ネットワークを発達させ，独自の社会的世界を構成している．国家の統制下における移民の制度形成はしばしば困難を伴うが，そのような状況にあっても，移民は独自のルートで資源を動員し，着々と生活基盤を築く．それを受けて先行研究では，移民の「定住化」が主要なテーマとして論じられてきた．しかしながら現代の移民は，グローバル化による人や情報の流れの簡便化を背景として，ひとつの地域だけでなく，複数の地域を国際移動しながら生活することが可能となっている．その複数の拠点の背景にあるのは，移民のトランスナショナルな同胞の配置である．

　なかでもトランスナショナルな親族ネットワークは，人生の岐路における重要な意思決定の場面でも大きな役割を果たす．こうした移民ネットワークが基盤となっているため，移民とその家族の人生設計における選択肢は一国内に限定されない．たとえば国籍はどの国のものを取得するのが有利か，生活の拠点をどの国に置いたらよいか，子どもの教育はどの国で受けさせたらよいか，といった具合である．パキスタン人企業家のように貿易業という業種に携わる場合，一国内に留まるメリットはよりいっそう少なくなる．

　またこのような国際移動は，日本の場合，永住権取得者に多くみられる現象でもある．パキスタン人移民の場合，そのコミュニティ

形成過程は，ホスト社会への志向性とトランスナショナルな志向性の２つを並存させつつ進行している．まさに両者が矛盾せずに並存するトランスナショナルな社会的世界である．

　ではパキスタン人移民にとって，日本は最終的に不要なのかといえばそうではない．配偶者も子どもも，場合によってはパキスタン人移民本人も日本国籍を取得した「日本人」であり，日本が彼ら／彼女らにとって住みやすい環境であれば，日本にとどまる／戻る可能性は十分ある．実際，日本にいる同胞や家族のため，さまざまな制度を構築してきた人々がたくさんいる．そういう人々がモスクを建てたり，学校を設立したり，ハラール食材店を始めたり，ハラール・レストランを開店したりすることによって，日本社会はパキスタン人移民とその家族にとって，より魅力的な選択肢となる．つまり日本社会におけるエスニック・ビジネスの展開や，宗教団体の設立は，自分たちのためだけでなく，コミュニティや日本人家族の利益にもつながるのである．

　移民研究は，もの珍しい特殊な小集団の事例研究ではない．日本社会はもとより，世界各地の事象を巻き込んで展開していく，トランスナショナルな社会的世界の研究であり，日本の都市社会学に新たな研究視角を提示するものである．移民は既存の都市に順応するだけでなく，都市の新たな価値を創出する．都市の不平等を土台としつつも，その多様性や可変性の原動力となる存在と言えよう．

参照文献

浅妻裕・福田友子・外川健一・岡本勝規 2017『自動車リユースとグローバル市場——中古車・中古部品の国際流通』成山堂書店．

小井土彰宏 2005「グローバル化と越境的社会空間の編成——移民研究におけるトランスナショナル視角の諸問題」『社会学評論』56(2)．

古屋野正伍 1982「課題と方法」古屋野正伍編『アジア移民の社会学的研究』アカデミア出版会．

関根政美 1994『エスニシティの政治社会学——民族紛争の制度化のために』名古屋大学出版会.

谷富夫編 2002『民族関係における結合と分離——社会的メカニズムを解明する』ミネルヴァ書房.

樽本英樹 2016『よくわかる国際社会学　第2版』ミネルヴァ書房.

樋口直人 2005「デカセギと移民理論」梶田孝道他『顔の見えない定住化——日系ブラジル人と国家・市場・移民ネットワーク』名古屋大学出版会.

広田康生 2003「越境する知と都市エスノグラフィ編集——トランスナショナリズム論の展開と都市的世界」渡戸一郎他編『都市的世界／コミュニティ／エスニシティ——ポストメトロポリス期の都市エスノグラフィ集成』明石書店.

福田友子 2012『トランスナショナルなパキスタン人移民の社会的世界——移住労働者から移民企業家へ』福村出版.

福田友子 2015「在日パキスタン人移民のエスニック・ビジネスと越境する親族」『三田社会学』20.

藤原法子 2008『トランスローカル・コミュニティ——越境する子ども・家族・女性／エスニック・スクール』ハーベスト社.

村井忠政 2006「現代アメリカにおける移民研究の新動向（上）——トランスナショナリズム論の系譜を中心に」『名古屋市立大学人文社会学部研究紀要』20.

Appadurai, A. 1996 *Modernity at Large : Cultural Dimensions of Globalization*, University of Minnesota Press. 門田健一訳『さまよえる近代——グローバル化の文化研究』平凡社，2004.

Castles, S. and M. J. Miller 2009 *The Age of Migration : International Population Movements in the Modern World*, 4th ed., Palgrave Macmillan. 関根政美・関根薫訳『国際移民の時代』第4版，名古屋大学出版会，2011.

Delanty, G. 2003 *Community*, Routledge. 山之内靖・伊藤茂訳『コミュニティ——グローバル化と社会理論の変容』NTT出版，2006.

Glick Schiller, N. et al. 1992 "Towards a Transnational Perspective on Migration", *Annals of the New York Academy of Sciences* 645(1).

Guarnizo, L. E. and M. P. Smith 1998 "The Locations of Transnationalism", M. P. Smith and L. E. Guarnizo (eds.), *Transnationalism from Below*, Transaction Publishers.

Massey, D. S. et al. 1998 *Worlds in Motion : Understanding International Migration at the End of the Millennium*, Oxford University Press.

Park, R. E. et al. 1925 *The City*, University of Chicago Press. 大道安次郎・倉田和四生訳『都市——人間生態学とコミュニティ論』鹿島出版会，1972.

Parnwell, M. 1993 *Population Movements and the Third World*, Routledge. 古賀正則監訳『第三世界と人口移動』古今書院，1996.

Portes, A. 1997 "Immigration Theory for a New Century : Some Problems and Opportunities", *International Migration Review* 31(4).

United Nations (UN) 1998 *Recommendations on Statistics of International Migration : Revision 1*, Department of Economic and Social Affairs Statistical Division, Statistical Papers Series M, 58, Rev 1.

United Nations (UN) 2012 *Toolkit on International Migration*, Department of Economic and Social Affairs Population Division Migration Section.

Vertovec, S. 2009 *Transnationalism*, Routledge. 水上徹男他訳『トランスナショナリズム』日本評論社，2014.

（福田友子）

必読文献

第1章 都市の歴史的展開

アグリエッタ, M. 2000『資本主義のレギュラシオン理論——政治経済学の革新 増補新版』(若森章孝他訳) 大村書店.

カステル, M. 1984『都市問題——科学的理論と分析』(山田操訳) 恒星社厚生閣.

ハーヴェイ, D. 1999『ポストモダニティの条件』(吉原直樹監訳) 青木書店.

増田四郎 1985『ヨーロッパ中世の社会史』岩波書店.

第2章 都市社会学の歴史的展開

カステル, M. 1984『都市問題——科学的理論と分析』(山田操訳) 恒星社厚生閣.

ハーヴェイ, D. 1999『ポストモダニティの条件』(吉原直樹監訳) 青木書店.

パーク, R.E. 1972「都市——都市環境における人間行動研究のための若干の提案」R.E. パーク／E.W. バーゼス／R.D. マッケンジー『都市——人間生態学とコミュニティ論』(大道安次郎・倉田和四生訳) 鹿島出版会.

第3章 都市とは何か

鈴木広編訳 1978『都市化の社会学 増補』誠信書房.

松本康編 2011『近代アーバニズム』日本評論社.

ルフェーブル, H. 1974『都市革命』(今井成美訳) 晶文社.

第4章 都市の社会構造

鈴木栄太郎 1957『鈴木栄太郎著作集VI 都市社会学原理』未來社.

マッキーヴァー, R.M. 2009『コミュニティ——社会学的研究: 社会生活の性質と基本法則に関する一試論』(中久郎・松本通晴監訳) ミネルヴァ書房.

ルフェーブル, H. 2000『空間の生産』(斎藤日出治訳) 青木書店.

第5章　都市空間を描く

倉沢進・浅川達人編 2004『新編 東京圏の社会地図 1975-90』東京大学出版会.

玉野和志・浅川達人編 2009『東京大都市圏の空間形成とコミュニティ』古今
　　書院.

橋本健二 2011『階級都市──格差が街を侵食する』ちくま新書.

第6章　都市空間の理論

カステル, M. 1984『都市問題──科学的理論と分析』(山田操訳) 恒星社厚
　　生閣.

ハーヴェイ, D. 1991『都市の資本論──都市空間形成の歴史と理論』(水岡
　　不二雄監訳) 青木書店.

吉原直樹 1994『都市空間の社会理論──ニュー・アーバン・ソシオロジーの
　　射程』東京大学出版会.

ルフェーブル, H. 2011『都市への権利』(森本和夫訳) 筑摩書房.

第7章　都市コミュニティの探究

ウェルマン, B. 2006「コミュニティ問題──イースト・ヨーク住民の親密な
　　ネットワーク」(野沢慎司・立山徳子訳)『リーディングス ネットワーク
　　論──家族・コミュニティ・社会関係資本』勁草書房.

ガンズ, H. J. 2006『都市の村人たち──イタリア系アメリカ人の階級文化と
　　都市再開発』(松本康訳) ハーベスト社.

ガンズ, H. J. 2012「生活様式としてのアーバニズムとサバーバニズム」(松本
　　康訳) 森岡清志編『都市空間と都市コミュニティ』日本評論社.

ゾーボー, H. W. 1997『ゴールド・コーストとスラム』(吉原直樹・桑原司・
　　奥田憲昭・高橋早苗訳) ハーベスト社.

ホワイト, W. F. 2000『ストリート・コーナー・ソサエティ』(奥田道大・有
　　里典三訳) 有斐閣.

第8章　都市と市民

鈴木栄太郎 1957『鈴木栄太郎著作集VI　都市社会学原理』未來社.

玉野和志 1993『近代日本の都市化と町内会の成立』行人社.

中川幾郎編著 2011『地域自治のしくみと実践』学芸出版社.

第9章　都市の権力構造

ダール，R. A. 1988『統治するのはだれか——アメリカの一都市における民主主義と権力』（河村望・高橋和宏監訳）行人社.

ハンター，F. 1998『コミュニティの権力構造——政策決定者の研究』（鈴木広監訳）恒星社厚生閣.

ミルズ，C. W. 1958『パワー・エリート(上)・(下)』（鵜飼信成・綿貫譲治訳）東京大学出版会.

モロッチ，H. 2012「成長マシンとしての都市——場所の政治学にむけて」（堤かなめ訳）町村敬志編『都市の政治経済学』日本評論社.

第10章　都市の成長戦略と新都市政治学

ハーヴェイ，D. 1997「都市管理主義から都市企業家主義へ——後期資本主義における都市統治の変容」（廣松悟訳）『空間・社会・地理思想』第2号.

町村敬志 1994『「世界都市」東京の構造転換——都市リストラクチュアリングの社会学』東京大学出版会.

モロッチ，H. 2012「成長マシンとしての都市——場所の政治学にむけて」（堤かなめ訳）町村敬志編『都市の政治経済学』日本評論社.

第11章　途上国の都市化と経済成長

青木秀男 2013『マニラの都市底辺層——変容する労働と貧困』大学教育出版.

カステル，M. 1997『都市とグラスルーツ——都市社会運動の比較文化理論』（石川淳志監訳，吉原直樹他訳）法政大学出版局.

新津晃一編 1989『現代アジアのスラム——発展途上国都市の研究』明石書店.

第12章　世界都市の成立と格差の拡大

サッセン，S. 2008『グローバル・シティ——ニューヨーク・ロンドン・東京から世界を読む』（伊豫谷登士翁監訳，大井由紀・高橋華生子訳）筑摩書房.

園部雅久 2001『現代大都市社会論——分極化する都市？』東信堂.

町村敬志 1994『「世界都市」東京の構造転換——都市リストラクチュアリングの社会学』東京大学出版会.

第13章　都市下層から照射する都市の姿

青木秀男編 2010『ホームレス・スタディーズ——排除と包摂のリアリティ』ミネルヴァ書房.

アンダーソン，N. 1999, 2000『ホーボー——ホームレスの人たちの社会学
　　(上)・(下)』(広田康生訳) ハーベスト社.
ホワイト，F. W. 2000『ストリート・コーナーソサエティ』(奥田道大・有里
　　典三訳) 有斐閣.
横山源之助 1949『日本の下層社会』岩波書店.

第14章　移民とトランスローカリティ

カースルズ，M. ／ M. J. ミラー 2011『国際移民の時代　第4版』関根政美・
　　関根薫監訳) 名古屋大学出版会.
デランティ，G. 2006『コミュニティ——グローバル化と社会理論の変容』
　　(山之内靖・伊藤茂訳) NTT 出版.
バートベック，S. 2014『トランスナショナリズム』(水上徹男・細萱伸子・本
　　田量久訳) 日本評論社.

人名索引

事項索引

編者紹介

玉野和志 (たまの　かずし)

略　歴　1960年石川県金沢市生まれ.
　　　　東京都立大学人文学部卒, 東京大学大学院社会学研究科博士課程中退.
　　　　東京都老人総合研究所研究助手, 流通経済大学社会学部助教授を経て
現　在　東京都立大学人文科学研究科教授
専　攻　都市社会学, 地域社会学
著　書　『東京のローカル・コミュニティ』(東京大学出版会)
　　　　『近代日本の都市化と町内会の成立』(行人社)
　　　　『実践社会調査入門』(世界思想社)
　　　　『創価学会の研究』(講談社現代新書)
編　著　『東京大都市圏の空間形成とコミュニティ』(共編・浅川達人, 古今書院)
　　　　『ブリッジブック社会学』(信山社)

都市社会学を学ぶ人のために

2020年3月10日　第1刷発行　　　定価はカバーに
　　　　　　　　　　　　　　　　表示しています

編　者　玉　野　和　志

発行者　上　原　寿　明

世界思想社

京都市左京区岩倉南桑原町56　〒606-0031
電話 075(721)6500
振替 01000-6-2908
http://sekaishisosha.jp/

ISBN978-4-7907-1738-6

文化社会学界隈
井上　俊

　　小説，ルポルタージュ，映画，漫画，武道，スポーツなど——多くの
　　世界と往来を重ねて豊かになる文化社会学．貧困街のルポから探偵小説
　　まで，『闇の奥』から『宮本武蔵』『YAWARA！』まで，多彩な賑わい
　　の界隈を遊歩しながら，文化の風景と人々の姿を活写する．
　　本体 2,700 円

家族はなぜ介護してしまうのか　認知症の社会学
木下　衆

　　患者の人生や性格に合わせた介護が求められる現在の認知症．患者をよ
　　く知るからこそ，家族は悩み，憤り，反省する．認知症を理解し，介護
　　へと導かれ，患者との関係を再構築するまでの家族の営みを丹念に描く．
　　本体 2,300 円

生きることの社会学　人生をたどる12章
川田　耕

　　出生，学校，恋愛，子育て，仕事，老い，そして死……．生活の隅々に
　　まで浸透する社会システムの中で，私たちは何を享受し，何を強制され
　　ているのか．社会と生のダイナミクスを人生の時間軸に沿って語る入門
　　書．［キーワード解説・図書紹介付き］
　　本体 2,300 円

メディア用語基本事典〔第2版〕
渡辺武達・金山　勉・野原　仁 編

　　メディアを使いこなし，情報発信する基礎知識としてのメディア・リテ
　　ラシーを身につけるために．メディアとジャーナリズム，コミュニケー
　　ションの実状と研究動向を今日的視点でとらえた総合的かつハンディな，
　　読む事典．
　　本体 2,700 円

価格は税別，2020 年 3 月現在